Les toutes dernières histoires drôles

DU MÊME AUTEUR
AU CHERCHE MIDI ÉDITEUR

Les meilleures histoires drôles

Les nouvelles histoires drôles

Guy Montagné

Les toutes dernières histoires drôles

Cette édition de *Les toutes dernières histoires drôles*
est publiée par les Éditions de la Seine
avec l'aimable autorisation des Éditions Le cherche midi

LES HISTOIRES DE RAOUL LE DÉGUEULASSE

M. Bastaing habite l'appartement au-dessus de sa brasserie, *Le Joyeux Toulousain*. Il est plongé dans un profond sommeil peuplé de rêves où il se voit tantôt en Bacchus paillard, mangeant et buvant au milieu d'une orgie olympienne, tantôt en dieu Pan à pieds de bouc poursuivant sur la lune[1] des nymphes aux seins nus. Et brusquement le téléphone sonne. M. Bastaing tombe de sa lune porno et se réveille avec un cratère de cochon. Il allume la lumière. Trois heures du matin, raconte le réveil. M. Bastaing décroche.

– Allô ! dit-il d'une voix de grizzli à qui on aurait arraché les poils un par un avec une pince à épiler.

– Excuse-moi de te déranger, fait la voix avinée de Raoul le dégueulasse, à quelle heure que tu ouvres ta brasserie ?

– C'est pour ça que tu me réveilles, aboie le Toulousain, elle ouvre à huit heures, imbécile.

Il raccroche sèchement, se retourne furieusement dans son lit et tente de retrouver ses rêves. Il est sur le point d'y parvenir quand le téléphone sonne à nouveau. M. Bastaing décroche.

1. D'où l'expression « Pan dans la lune ».

– C'est encore moi, fait Raoul, tu pourrais pas l'ouvrir maintenant ta brasserie ?

– Dis, Raoul, tu te fous du monde, postillonne le bistrotier, il est trois heures du matin. Je t'ai dit que la brasserie ouvrait à huit heures, un point c'est tout.

M. Bastaing raccroche hors de lui et se jette sous les couvertures. Mais le téléphone sonne encore.

– Hou ! je vais me le farcir, s'étrangle le Toulousain en décrochant.

– C'est encore Raoul. Il faut absolument que tu ouvres ta brasserie maintenant.

– Je t'ai dit qu'elle ouvrait à huit heures, espèce de sac à vinasse, hurle M. Bastaing, et de toute façon dans l'état où tu es, même à huit heures je te laisserai pas entrer.

– Ah ! mais je veux pas y entrer, corrige Raoul, je veux en sortir.

*

Raoul a quitté le bar dans un état proche de l'éponge par le contenu et de la méduse par la démarche. Étant incapable de retrouver le chemin de sa maison, il entre dans le premier édifice venu. Il l'ignore encore, il s'agit de l'église Saint-Archimède-de-l'Immersion[2]. À bout de forces, Raoul pénètre dans le confessionnal et s'endort comme une masse.

Le lendemain matin, l'abbé Tumaine entre dans le confessionnal afin de pratiquer son lot de confessions quotidiennes. Il s'assied dans la partie centrale, referme la porte et ouvre la trappe de communication pour entendre les péchés de son premier client. Il ne se doute pas qu'il a affaire à Raoul dont

2. Dont le premier curé fut l'abbé Noir qui mena une vie d'ange. La célèbre vie d'ange de l'abbé Noir.

le cerveau baigne encore dans les vapeurs d'alcool comme un cornichon dans le vinaigre.

– Que puis-je pour vous mon fils ? demande l'abbé.

– Vous tombez bien, répond l'ivrogne, vous avez du papier de votre côté ?

*

Après une nouvelle tournée des bistrots de son quartier, Raoul trouve un copain qui le ramène chez lui la nuit venue. Hélas ! à peine arrivé, Raoul reçoit une communication urgente de sa vessie qui veut à tout prix se débarrasser de son contenu. Il se précipite aussitôt vers ce qu'il croit être ses toilettes. C'est en réalité la fenêtre de la cuisine qu'il vient d'ouvrir et par laquelle il commence à se soulager. On dirait le Manneken-Pis imitant les grandes eaux de Versailles côté galerie des gueulasses. M. Bignolle, le concierge qui est en train de sortir les poubelles, se retrouve copieusement douché.

– Hé ! ça va pas là-haut ! braille-t-il en s'abritant.

– Monsieur Bignolle, s'étonne Raoul, qu'est-ce que vous faites dans ma cuvette de chiottes ?

*

Ses escapades éthyliques faisant, Raoul délaisse sa femme, la grosse Rosa, qui a tout essayé pour l'empêcher de sortir. Ce soir-là, elle a même pris une douche, alors qu'on n'est même pas samedi. Elle s'est aspergée « d'eau de Pologne », comme elle dit, dans l'espoir de séduire son mari lorsqu'il rentrera. Mais vers une heure du matin, lasse d'attendre, Rosa va ranger sa cellulite et ses bourrelets parfumés au fond de son lit et s'endort en songeant que, avec tous les pneus qu'elle a, elle ferait mieux de s'appeler Micheline.

À deux heures trente, Raoul rentre enfin. Il est plein à transformer un alcootest en zeppelin. Il se dirige en titubant vers son lit pour y rejoindre la place qu'il occupe habituellement le long du mur. Pour ce faire il est obligé d'enjamber le gros corps de Rosa qui dort comme une marmotte sous barbituriques. Hélas ! alors qu'il se trouve juste au-dessus de sa grosse épouse, celle-ci se réveille. Elle ouvre un œil et aperçoit Raoul en train de passer au-dessus d'elle.

– Dis donc, Raoul, lui dit-elle pleine d'espoir, si j'étais un bistrot, tu t'arrêterais bien.

*

Englué dans un sommeil profond aux relents de distillerie, Raoul rêve. C'est le dormeur du val version pastis. Mais voilà le rêve qui tourne au cauchemar car Raoul gémit, se tortille et se met à hurler. Rosa bondit terrorisée.

– Non, mais ça va pas de gueuler comme ça ! hurle-t-elle à son tour.

Ce qui a pour effet de réveiller Raoul.

– Excuse-moi, bêle-t-il, haletant, j'ai fait un rêve épouvantable.

– De quoi que t'as rêvé ?

– Ben, j'étais perdu dans la brousse africaine, explique-t-il, tout d'un coup y a un éléphant rose à rayures bleues qui se met à charger en barrissant. Je cours, il me poursuit. Et pi, voilà que j'arrive au bord d'un précipice. L'éléphant fonce sur moi. Alors qu'est-ce que je fais ?

– Tu te réveilles.

– Non, je saute dans le vide.

– Tu tombes et tu te réveilles.

– Non, je tends la main et je réussis à m'accrocher à une touffe d'herbe.

Raoul se tait encore en proie à l'émotion.

– Et c'est tout, demande Rosa.

– Ben, oui.
– Donc t'es réveillé maintenant ?
– Ah ! oui, oui !
– T'as plus peur de tomber ?
– Ah ! non, non !
– Je peux me rendormir ?
– Ah ! oui, oui !
– Alors lâche la touffe d'herbe.

*

Les sorties tardives de Raoul ont tellement poussé Rosa à bout qu'elle l'a expulsé du domicile conjugal avec violence. L'âme en peine, le pauvre exclu a voulu se consoler au Joyeux-Toulousain. Mais M. Bastaing, considérant que les ardoises de Raoul sont assez nombreuses pour refaire la toiture du château de Chambord, l'a incité à aller s'alcooliser ailleurs. C'est donc dans un infâme boui-boui aux remugles rances que Raoul a trouvé refuge. Il essaie d'oublier sa solitude dans un sauvignon acide à faire frémir un habitué du Kiravi. Lentement il porte son verre à ses lèvres mais il tremble tellement que le patron du rade lui conseille d'aller se faire décoder chez Canal Plus. Faisant mine d'ignorer le commentaire, Raoul boit et renverse un peu de vin blanc. C'est là qu'il aperçoit entre ses pieds, sur le sol crasseux jonché de mégots, une petite souris assise, gueule ouverte qui récupère le liquide échappé. Amusé, l'ivrogne commande un deuxième verre. Il boit et renverse davantage de vin que le rongeur récupère goulûment.

– Toi aussi t'es toute seule, dit Raoul en tendant sa main vers la souris.

Celle-ci y grimpe sans hésitation.

– Allez, viens boire un coup avec ton copain Raoul.

Il pose la souris sur le comptoir.

– Deux sauvignons, s'il vous plaît, lance-t-il au patron sidéré.

Et voilà le pochetron et son petit compagnon qui enchaînent verre sur verre. Au bout d'un quart d'heure, Raoul, complètement ivre, entonne « le Curé de Camaret » [3]. À son grand étonnement la souris se met à chanter aussi et à danser sur le comptoir.

– Ça alors ! bredouille-t-il les larmes aux yeux, on dirait un petit rat de l'apéro. Faut que je te présente à Rosa. Allez, viens.

Fou de joie, Raoul met la souris dans la pochette de sa veste et sort du boui-boui en beuglant « les Trois Orfèvres ». La petite souris, dont la tête seule dépasse de la poche, braille la chanson paillarde de sa petite voix aigrelette. Dans la rue, les fenêtres s'éclairent au passage de Raoul et de son rongeur. Brusquement des volets s'ouvrent. Un vieux bonhomme apparaît, furieux.

– C'est pas bientôt fini ce boucan, lance-t-il rageusement.

Raoul s'arrête, titubant. Il lève la tête vers l'insolent.

– Si môssieur n'est pas content, il a qu'à s'acheter des boules Quies.

– Farpaitement, enchaîne la souris.

– Fichez le camp d'ici ou j'appelle la police, menace le vieux.

Le sang de Raoul ne fait qu'un tour. Il retrousse ses manches et tend un poing vengeur vers le balcon du vieux râleur.

– T'as qu'à descendre un peu pour voir, on va s'expliquer entre hommes.

– Ouais, braille alors la souris, et si t'as un chat amène-le.

*

3. À ne pas confondre avec le Don Camillo qui est curé de cabaret.

Le docteur Caligula, psychiatre, vient de faire entrer Raoul dans son cabinet.

– Allongez-vous sur le divan, dit-il d'un air grave, et livrez-vous à moi.

– Qu'est-ce que vous voulez que je vous livre, y a pas marqué La Poste.

– Nous allons bavarder, veux-je dire.

– De quoi vous voulez qu'on parle, je suis pas fou, proteste Raoul.

– Je ne dis pas que vous êtes fou. Votre femme m'a juste fait part de quelques anomalies de comportement. Il paraît que vous chantez dans les rues avec une souris et que vous voyez des éléphants roses à rayures bleues.

– Rosa, elle ferait bien de fermer sa grande gueule, grommelle Raoul, parce que des anomalies, c'est pas ça qui lui manque.

– Ah oui ! fait le docteur Caligula intéressé, lesquelles par exemple ?

– Elle est sale. D'ailleurs si elle s'allongeait sur ce divan et qu'elle se livre à vous ça serait franco de truie[4].

– Qu'est-ce qui vous fait dire ça ?

– C'est une vraie dégueulasse. Quand je rentre le soir et que je veux pisser dans l'évier, y a toujours plein de vaisselle sale.

*

Raoul et Rosa ont gagné un voyage en Thaïlande au grand concours de *Ragots Magazine*. Dans l'avion qui les ramène à Paris ils ont sorti le casse-croûte : le pâté William Saurien, le

4. Femelle du franco de porc.

Caprice des Vieux, les saucisses Narta... Et pour faire passer tout ça une bonne bière avec du pastis dedans. Ils bouffent, ils rotent, Raoul rigole :

– Heureusement que j'ai pensé à acheter un cadeau au fils à la voisine, ma'me Réjane. Depuis le temps qu'il réclame un clébard à sa mère. Eh ben, j'y ai trouvé mieux... une chauve-souris géante de Malaisie.

– Vivante ? s'insurge Rosa.

– Ben, 'videment vivante.

– D'où c'est que tu l'as mise ?

– Dans le sac qui est au-dessus, fait Raoul en montrant d'un index gras le coffre à bagages au-dessus de sa tête.

– Mais t'es malade, râle Rosa, elle va chier dans les maillots de bains. Déjà qu'ils sont pleins de sable. Je te raconte pas la gueule du douanier quand il va fouiller.

– Ils verront que dalle les douaniers, ricane Raoul, parce que la chauve-souris j'y ai endormie avec deux fioles de whisky et j'y ai fabriqué une cape avec ton slip de bain noir.

– Ah ! ben, tu pourrais prendre tes affaires quand même.

– C'est ce que j'ai fait. J'y ai fabriqué un masque de Batman avec une chaussette.

– Ah ! on va avoir l'air fin !

– Je te dis qu'ils verront rien. S'ils nous demandent, on n'a qu'à dire que c'est une poupée.

– C'est pas de ça que je parle. Je dis qu'on va avoir l'air fin devant ma'me Réjane. Parce que comme tu m'avais rien dit, j'y ai trouvé une bête au petit, moi aussi.

Raoul plisse les yeux ce qui traduit chez lui une intense réflexion.

– C'est un clebs ?

– Non... un putois de l'Himalaya, déclare fièrement Rosa.

– Un putois ? Oh ! putain...

Sous le coup de l'émotion, Raoul laisse tomber la tranche de pâté qu'il allait engloutir.

– Et c'est gros comment, un putois de l'Himalaya ?

– Comme un petit chat angora noir sauf que c'est marron !

Raoul se gratte la tête, soucieux.

– En quoi qu'on va le déguiser cette saloperie ? Ah ! je sais. Hier j'ai acheté une canne en bambou. Je vais la lui coller dans le troufignon et je dirai que c'est un balai O'cedar.

– C'est pas la peine, le rassure sa grosse épouse, je lui ai trouvé une très bonne cachette. Et pour l'instant il a l'air de s'y plaire.

– Où c'est que tu l'as planqué, ton putois ?

– Dans mon slip.

– Dans ton slip. Non mais ça va pas ? Et l'odeur alors ?

– Ah ! ben, s'il meurt, il meurt.

*

La cuisine thaïlandaise a sur Raoul un effet inattendu. Il est tellement constipé que, chaque fois qu'il fait une tentative libératoire, il a l'impression qu'il va démouler un dolmen. Décidé d'en finir, il se rend à la pharmacie.

– Je voudrais un laxatif puissant, dit-il au pharmacien, un truc à vous taguer le slip.

Sans état d'âme, l'apothicaire fouille dans ses tiroirs et en sort une petite fiole.

– Voilà ce qu'il vous faut, c'est du Rapidofion, vous verrez, c'est radical.

Sans attendre, Raoul débouche le flacon et se le vide dans le gosier.

– Doucement, fait le pharmacien paniqué, il ne faut en prendre que dix gouttes dans un verre d'eau.

– Vous inquiétez pas, dit Raoul en sortant, j'ai essayé le Destop, ça m'a rien fait.

Mais à peine a-t-il fait quelques pas sur le trottoir que le remède fait son effet. Un gargouillis fulgurant avertit Raoul qu'il lui faut courir pour rentrer chez lui. Il tourne au coin de la rue manquant heurter une brave dame qui lui agrippe la manche.

– Excusez-moi, dit-elle.

– Lâchez-moi, supplie Raoul.

– Je me suis égarée, dit la dame, où puis-je trouver une pharmacie ?

– C'est pas difficile, répond-il, suivez la ligne jaune.

Peter Van Glüten est un riche industriel flamand dodu et mafflu. Il aime par-dessus tout faire des safaris en Afrique et plus particulièrement au Boundala pour chasser l'autruche. Dès son arrivée à l'aéroport de Bokoko, le tour-opérateur vient le chercher pour le conduire à l'*Hôtel Tropico* situé en pleine savane. Il lui présente Mikko le meilleur guide de la région. Ce dernier, dont les attitudes gracieuses et le petit cheveu sur la langue trahissent des mœurs proches de celles du phoque à poil rose, observe discrètement les formes rondelettes du Belge qui le questionne.

– Où peut-on trouver de belles autruches bien grasses ?

– Ze peux vous trouver un très zoli troupeau à cinq minutes d'ici, minaude Mikko, mais il faut y aller en Zeep.

– En zip ?

– Ben oui, en 4 × 4.

– À la guerre comme à la guerre, répond Van Glüten en chargeant dans la Jeep du guide un arsenal de chasse tellement impressionnant qu'on croirait qu'il va animer une conférence de presse du FNLC.

Mikko se met au volant et ils partent tous deux à travers la brousse. Après une heure de route poussiéreuse au milieu des zèbres, des girafes, des lions et des fourmis mamballa, ils aperçoivent enfin un troupeau d'autruches. Mikko arrête la Jeep et Van Glüten descend non sans avoir saisi un lourd fusil à lunette.

– Par ici et tâchez de ne pas faire de bruit, dit le guide, cachons-nous derrière ce massif.

Les deux hommes se dissimulent derrière un bouquet d'épineux.

– Est-ce que vous avez déjà chassé l'autruche ?

– Non, jamais. Mais j'ai un fusil express à balles explosives.

– Oui, mais l'autruche est un animal très coriace. Si vous la ratez, elle vous court après, elle vous casse la tête avec son bec et elle vous mange la cervelle comme un œuf à la coque.

Le Belge s'esclaffe.

– Comme un œuf à la coque ? Qu'elle compte pas sur moi pour fournir les mouillettes !

– Ne plaisantez pas, ce que ze vous dis est très sérieux.

– Ah ! oui. Potferdeck ! c'est ce qu'on va voir. J'aperçois un gros mâle que je vais éclater comme une pastèque.

Van Glüten vise et tire. Mais, hélas ! la balle passe à quelques centimètres seulement de la tête du ratite [1] qui pousse un cri de surprise.

– Attention, dit Mikko tout tremblant, c'est le chef du troupeau, c'est le plus costaud. Ne le ratez pas sinon il va vous casser la tête et vous manger la cervelle.

– Alleï, j'ai compris, hein.

Cette fois, Van Glüten prend son temps pour ajuster son tir. Il appuie sur la détente, le coup part mais la balle ricoche sur l'aile du volatile et va éclater sur un rocher. Furieux, le mâle autruche fait volte-face. Il aperçoit le Belge et son guide.

– Et voilà, je vous l'avais dit, pleurniche Mikko, vous

1. Classe regroupant les autruches, les casoars, les kiwis et les danseuses du Lido.

l'avez raté et maintenant elle va nous casser la tête avec son bec et nous manger la cervelle.

– Gotverdom ! Qu'est-ce qu'on va faire ? s'inquiète Van Glüten.

– Enfuyons-nous à toutes zambes et allons nous réfuzier dans ce baobab.

Les deux hommes bondissent et se mettent à courir comme des fous poursuivis par le mâle autruche qui gagne du terrain. Mikko réussit à monter dans l'arbre mais le gros Belge, que son énorme paire de fesses handicape, n'arrive même pas à atteindre la branche la plus basse.

– Aïe, aïe, aïe, j'y arrive pas, aidez-moi.

Prudemment à l'abri en haut du baobab, le guide se contente de crier.

– Attention, l'autruche va vous casser la tête avec son bec et vous manger la cervelle.

– Ça va, explose Van Glüten, ça fait trois fois que vous le dites. Essayez de me sortir de là au lieu de me faire peur.

– La seule solution, c'est de creuser un trou dans la terre et de mettre votre tête dedans. L'autruche ne pourra pas vous la casser.

Vert de peur, le Belge creuse un trou à toute vitesse tandis que l'autruche arrive et que, du haut du baobab, Mikko chante pour encourager son chasseur.

– Akoumo lélé, akolouman'délé...

L'autruche n'est plus qu'à quelques mètres mais Van Glüten, qui vient de finir son trou, y enfonce la tête. Or, il n'y a pas songé, c'est justement ce que fait en général l'autruche pour se cacher. Il n'est donc pas étonnant que le stupide volatile ne voyant plus le Belge, s'en retourne à son troupeau, perplexe et vexé. Mais du haut de son arbre le guide aperçoit le gros postérieur du chasseur dressé en l'air.

« C'est assez tentant », se dit-il.

Alors tout doucement, sans faire de bruit, il descend de l'arbre et s'étant débarrassé de quelques obstacles vestimentaires, il fait subir les derniers outrages au pauvre Belge dont la tête est toujours dans la terre. Contre toute attente, ce dernier laisse échapper un ricanement victorieux.

– Ah ! ah ! ah ! Vas-y l'autruche. Alleï, tape, tape, le temps que t'atteignes la cervelle...

*

Georges est en vacances avec un groupe de copains à *l'Hôtel Tropico*. Il ne connaît pas l'Afrique et si sa stature de gringalet maigrichon ne risque pas d'exciter l'appétit des lions, elle ne résisterait pas à une flatulence de mouche tsé-tsé. Malgré cela, il a décidé d'aller se promener seul dans la brousse. Naturellement il se perd. Après avoir erré des heures durant, il découvre par bonheur un bar minable en bambou et en tôle installé à l'ombre d'un bouquet d'arbres. Mort de soif, Georges s'y précipite. Derrière le bar, un gros Noir portant un tablier bleu crasseux le regarde s'approcher sans interrompre le nettoyage symbolique de quelques verres. Quatre Blancs aux carrures simiesques et aux visages patibulaires assis autour d'une table jouent aux cartes.

– Tiens, voilà un petit Blanc sec, rigole le barman en voyant entrer Georges.

– Ça fait des heures que je tourne en rond dans la brousse, dit le gringalet. J'ai une soif de rat. Donnez-moi un verre d'eau.

Le barman ne faisant pas mine d'obtempérer, Georges croit bon d'ajouter :

– S'il vous plaît.

L'homme pose devant Georges un verre sale qu'il remplit d'une eau douteuse. Georges le vide précipitamment. Il est sur le point d'en demander un autre quand l'une des grosses brutes s'approche du bar. Il abat dessus un poing gros comme un potiron et hurle.

– Un whisky... ou sinon...

La sueur envahit aussitôt le visage du gros Noir. Il saisit une bouteille de whisky et remplit un verre que la brute vide d'un trait. Puis il va se rasseoir et continue sa partie de cartes. Mais Georges n'a toujours pas étanché sa soif.

– Un verre d'eau, s'il vous plaît, demande-t-il à nouveau.

Le barman le sert. C'est alors que deux brutes se lèvent et tapent sur le bar avec violence.

– Un whisky, hurlent-ils, ou sinon...

Le barman, mort de trouille, s'empresse de remplir deux verres de whisky que les deux brutes vident d'un coup sec avant de retourner à leur partie de cartes, sous l'œil de plus en plus inquiet de Georges.

– Je peux avoir un autre verre d'eau, s'il vous plaît ? balbutie-t-il.

Le barman n'a pas le temps de le servir, les quatre brutes sont au bar sur lequel ils tapent avec force et hurlent.

– Un whisky... ou sinon...

Ils sont immédiatement servis. Ils portent leurs verres à leurs lèvres quand brusquement Georges se déchaîne. Lui aussi tape violemment sur le bar en réprimant un cri de douleur et il hurle.

– Un whisky, ou sinon...

Les quatre colosses et le barman se penchent vers lui d'un air menaçant.

– Ou sinon...?

Georges ne répond pas.

– Ou sinon... insistent-ils.

Georges se recroqueville et bredouille timidement :

– Ou sinon un verre d'eau.

*

Inquiets de la disparition de leur copain Georges, Bernard, Michel et Jean-Pierre décident de partir à sa recherche sous la direction de Mikko.

– Surtout ne vous éloignez zamais de moi, prévient le guide, car si vous étiez perdus dans la brousse vous péririez de soif et vous risqueriez de tomber aux mains des terribles sœurs du Graal.

Bien qu'ils trouvent curieux que de simples bonnes sœurs puissent être plus dangereuses que des tribus sauvages, les trois copains se le tiennent pour dit et promettent de ne quitter la Jeep sous aucun prétexte.

Hélas ! après deux heures de route dans la savane sublime où le parfum des rumsteakiers en fleurs le dispute à celui des déjections de phacochères, une tempête de sable les surprend. Ils s'abritent tant bien que mal contre la Jeep. Mais lorsque la tempête cesse, Bernard, Michel et Jean-Pierre s'aperçoivent qu'en fait de Jeep, ils se sont abrités derrière un cadavre de buffle à moitié dévoré par les vautours. Bref c'est l'horreur. La Jeep a disparu et leur guide aussi.

– Essayons de marcher en revenant sur nos pas, dit Bernard.

Ils marchent, ils marchent, mais le soleil tape dur tel un marteau qui transforme toute vie en fossile[2]. Après quelques heures, la gorge totalement desséchée, ils arrivent devant un couvent aux murs blancs. Au-dessus de la porte ils voient inscrit « Couvent des Sœurs du Graal ».

– N'y allons pas, dit Michel, Mikko a dit qu'elles étaient terribles, ces sœurs.

– J'ai trop soif, répond Jean-Pierre, j'y vais.

Avant que ses deux compagnons aient pu l'en empêcher, Jean-Pierre se dirige vers la porte du couvent à laquelle il frappe. Une sœur bien jolie sous sa cornette blanche ouvre le judas[3].

– Ma sœur, dit Jean-Pierre, j'ai soif, par pitié donnez-moi à boire.

---

2. « Marteau et fossile sont un mauvais présage
Pour ceux qui, communistes, ont fait un beau voyage. »

Vladimir Ilitch du BELLAY.

3. Un judas à la porte d'un lieu saint, c'est un comble.

– C'est impossible. Nos lois sont très strictes. Nous n'accueillons jamais d'homme dans notre congrégation. Si je vous laisse entrer, c'est à vos risques et périls.

– Ça m'est égal, laissez-moi entrer, je meurs de soif.

– Tant pis pour vous, répond la sœur en s'effaçant pour laisser entrer Jean-Pierre.

Quelques minutes plus tard, Michel et Bernard, assis à l'ombre d'un patatier huileux [4], entendent un épouvantable hurlement de souffrance.

– Mon Dieu, qu'est-ce qu'elles lui font ?

– C'est horrible.

Et la nuit africaine tombe sur la brousse aux bruits étranges laissant les deux hommes anéantis mais vivants. Le lendemain matin, Michel craque.

– Je n'en peux plus, j'ai soif, j'ai faim. Je préfère endurer les pires tortures que de rester ainsi.

– Non, ne fais pas ça, supplie Bernard.

Hélas ! ventre affamé n'a pas d'oreilles. Et Michel fonce en titubant à la porte du couvent. La jolie sœur ouvre son judas et Bernard voit avec épouvante Michel entrer. Quelques minutes plus tard, des cris déchirants font vibrer odieusement l'air déjà surchauffé de la brousse stoïque où, à chaque seconde, tant de drames se jouent. Bernard tremble. Une journée passe, une nuit passe aussi, aucun chien n'aboie ce qui induit que, *a contrario* aucune caravane ne passe. Désespéré, Bernard craque à son tour. Il lève son corps las et, décidé d'en finir, il va frapper à la porte du couvent. La même jolie sœur ouvre le judas.

– J'ai soif, j'ai faim, par pitié ma sœur ouvrez-moi.

– Je vous répète ce que j'ai dit à vos deux compagnons. Il n'y a jamais d'homme ici. Si je vous laisse entrer il vous arrivera malheur.

---

4. Plante grasse appartenant à la famille des arbres fritiers.

– Ça m'est égal, répond Bernard, je suis prêt à accepter la loi de votre congrégation.

La nonne ouvre la porte et laisse entrer Bernard.

– Avant de m'abandonner aux tourments qui m'attendent, dit-il, pouvez-vous me dire ce que vous avez fait à mes compagnons. Je veux savoir à quoi je dois m'attendre.

– Soit, dit la sœur. Le premier nous a dit qu'il était boucher, nous les lui avons coupées. Le second nous a dit qu'il était vigneron, nous les lui avons pressées.

Voilà Bernard pris d'un irrésistible fou rire.

– Vous trouvez ça drôle ? s'offusque la sœur.

– Oui, parce que moi, je suis marchand de sucettes.

*

C'est la fête au Boundala car le pape est en visite. On lui fait découvrir la brousse, la jungle, les villages, une fabrique de préservatifs, la toute récente basilique de Sainte-Pilule-de-la-Contraception. Là, on lui présente un jeune homme complètement athée que Sa Sainteté décide de baptiser, comme ça, sur le pouce. Émoi, étonnement puis allégresse et transe de cake parmi la suite papale. Tout le monde se presse autour des énormes fonts baptismaux de la taille d'une petite piscine construits dans l'aile gauche de la basilique.

– Comment t'appelles-tu ? demande le Saint Père.

– Okoumé, Monsieur le pape, répond le jeune homme paralysé par l'émotion.

– Très bien, fait le pape.

Et après quelques mots en latin, il plonge Okoumé, qui ne s'y attendait pas, dans l'eau bénite de la piscine.

– Et voilà, maintenant tu t'appelles Jean-Marc et tu es un bon catholique.

Okoumé, sidéré, roule des yeux affolés.

– Ça veut dire quoi ?

– Ça veut dire que tu crois en Dieu et que tu dois respecter les règles de notre sainte mère l'Église.

– C'est quoi les règles de l'Église ?

– Par exemple, le vendredi tu ne dois pas manger de viande mais du poisson.

Jean-Marc-Okoumé hoche la tête pour montrer qu'il a compris.

– C'est bien, va en paix, dit le pape, et Okoumé s'en va.

Le vendredi suivant, le père Estroïka, curé de la basilique, va faire une tournée dans les villages. À sa plus grande surprise, il tombe sur Jean-Marc qui est en train de faire griller sur un feu de bois un magnifique gigot de mouton.

– Que fais-tu malheureux ? s'exclame-t-il, ne te rappelles-tu pas les paroles de notre Saint père. Il t'a pourtant ordonné de ne pas manger de viande le vendredi.

– Oui, Monsieur le curé, répond Jean-Marc, mais je l'ai plongé dans l'eau et je lui ai dit maintenant tu ne t'appelles plus mouton, tu t'appelles poisson.

*

Il est trois heures du matin lorsque le vieux DC4 à hélice de la compagnie Mankpad Air se pose sur l'aérodrome boundalais. À son bord se trouve Gérard le vendeur qui vient en Afrique pour tenter de commercialiser un nouveau modèle de piège à fourmis mamballa. Il saute dans le seul taxi qui se trouve encore là.

– À *l'Hôtel Tropico*, lance-t-il au chauffeur coiffé d'un magnifique bonnet rasta qui se dandine sur son siège au rythme de la « soupe » afro-jamaïcaine que crache son lecteur de cassettes au bord de l'apoplexie.

La vieille 404 Peugeot couleur « gerbe » de martien s'ébranle en pétaradant et en tremblant de toutes ses tôles. L'unique phare encore en état éclaire la route poussiéreuse qui file droit entre des immeubles aux façades lépreuses. Le taxi fonce. Pas rassuré, Gérard se cramponne au dossier du siège qui se trouve devant lui. Heureusement voilà un feu rouge. Il va pouvoir respirer. Mais contre toute attente, le chauffeur de taxi écrase l'accélérateur et brûle le feu.

– Mais vous venez de brûler un feu rouge, dit Gérard vert de peur.

– Il n'y a aucunement de danger, j'ai un cousin, il s'appelle Dogo, il fait la même chose.

– Vous êtes totalement inconscient. Imaginez qu'un camion...

Le chauffeur n'écoute pas. Il est sur une belle ligne droite, il fonce et grille un deuxième feu rouge.

La sueur coule le long des tempes de Gérard qui suffoque.

– Vous savez, je ne suis pas si pressé d'aller à l'hôtel, pleurniche-t-il.

– Ne soyez pas dubitatif, mon cousin Dogo fait exactement la même chose.

Il continue de foncer vers un feu qui, par bonheur, passe au vert. Le chauffeur freine en catastrophe et debout sur la pédale de frein, il réussit à arrêter son véhicule juste à la hauteur du feu. Gérard reste un instant pétrifié.

– Vous êtes complètement malade, crie-t-il soudain, vous venez de brûler deux feux rouges. Voilà un feu vert et vous vous arrêtez. Pourquoi ?

– On ne sait jamais, si mon cousin Dogo passait dans l'autre sens.

*

Un jeune missionnaire, le père Soreye, vient d'être nommé curé de Troupomé, un tout petit village du Boundala. Le père Gola, son homologue africain, vient l'accueillir à sa descente d'avion.

– Père, dit-il, je suis chargé de vous conduire jusqu'à votre paroisse.

– Ne vous mettez pas en peine pour moi, dit le père Soreye, je ferai la route tout seul.

– Le village de Troupomé est situé en pleine brousse, insiste le missionnaire africain, si vous ne connaissez pas la région, vous êtes assuré de vous égarer et de finir dans l'estomac d'un lion ou d'un crocodile ou, pire encore, dévoré par les fourmis mamballa.

Le père Gola finit par convaincre le jeune prêtre français et les deux hommes embarquent à bord d'une 2 CV cahotante qui les conduit, à travers la savane poussiéreuse, en direction de Troupomé.

Mais après une trentaine de kilomètres au milieu des troupeaux de buffles, d'éléphants, de gnous, d'antilopes, de hyènes, de gazelles, de girafes, de zèbres, bref de toute la faune boundalaise, le père Soreye demande à son chauffeur de s'arrêter.

– Comme c'est beau, s'extasie-t-il, toute cette nature si pure, la Création de Dieu. Laissez-moi là, j'irai à pied jusqu'au village.

– Mais il reste encore cinquante kilomètres à parcourir. Vous n'y arriverez jamais avant le crépuscule. Et la nuit il y a des bêtes qui rôdent.

– Saint François d'Assise allait parmi les oiseaux.

– C'était des mésanges, pas des vautours.

– Laissez-moi, père, rien ne m'arrêtera.

Borné comme un mulet à tête de bois, le père Soreye attrape son bagage et descend de voiture. Après un petit signe d'adieu au père Gola, il s'éloigne sur la piste bordée de baobabs et d'épineux.

Après quelques heures de marche, bien que le soleil soit déjà bas sur l'horizon, la soif et la faim commencent à se faire sentir. Les cris des animaux semblent plus menaçants.

– J'ai péché par orgueil, se dit le père Soreye plein de regrets. J'aurais dû écouter le père Gola.

La peur l'envahissant, il se met à marcher plus vite. Brusquement, au détour d'un buisson, il se trouve nez à nez avec un énorme lion qui, surpris lui aussi, rugit furieusement. Le cri du fauve résonne dans la brousse comme un glas. Les jambes du missionnaire se mettent à flageoler, bien qu'il n'ait pas mangé de haricots. Ses burettes jouent du yo-yo. Il devient tellement pâle qu'en comparaison un navet ferait figure de publicité pour autobronzant. Il tombe à genoux, les mains jointes.

– Mon Dieu, bêle-t-il, faites quelque chose, donnez à ce lion des sentiments chrétiens.

Alors le ciel africain, que rien n'obscurcissait, s'emplit de lourdes nuées. Une lumière divine tombe des cieux sur le fauve. Des chants d'anges s'élèvent, sublimes. Et devant les yeux du missionnaire le lion s'agenouille, joint les pattes et murmure pieusement :

– Seigneur, bénissez cette nourriture que je vais prendre.

*

Le soleil rouge se couche sur la savane, projetant les ombres des baobabs en grêles et longues silhouettes. Un peu comme si Maïté avait soudain l'ombre de Claudia Schiffer. Tout près d'un trou d'eau, un petit mulot furette parmi les herbes hautes en quête de quelques graines à récolter. Et voilà qu'il se trouve nez à nez, si l'on peut dire, avec un gigantesque postérieur.

– Mais c'est Woumba l'éléphante, se dit-il. Ah ! ce qu'elle m'excite.

Il reste là, les yeux rivés au monumental fessier, des rêves érotiques plein la tête pendant que l'éléphante, la trompe plongée dans l'eau, boit en de longues lampées. Submergé de bouffées torrides, le mulot craque. Il fonce du côté de la tête de la grosse bête.

– Woumba, Woumba, dit-il en sautillant la bave aux lèvres, j'ai tellement envie de toi.

– Quoi, fait l'éléphante qui n'en croit pas ses grandes oreilles.

– J'ai envie de te faire l'amour, là, maintenant, tout de suite.

– Non mais t'as vu ta taille ! rigole l'objet de son cœur.

– Et alors, la valeur n'attend pas le nombre de centimètres, répond fièrement le rongeur amoureux, laisse-moi t'aimer, je t'en supplie.

– Bon d'accord, fait l'éléphante en levant les yeux au ciel, mais fais vite.

– Ouaouh, crie le mulot en se précipitant vers le gros postérieur.

Il s'agrippe à la queue de l'éléphante, l'escalade et s'accrochant aux plis énormes, il introduit avec délectation son membre minuscule dans l'intimité pachydermique. Il s'active comme un beau diable lorsque tout à coup une dame babouin passe à proximité avec ses quatre enfants.

– Maman, maman, crie soudain un petit singe, regarde ce que fait le mulot à l'éléphante.

Outrée, dame babouin attrape une noix de coco et la jette sur la tête de l'éléphante pour faire cesser ce coït amoral. Sous le choc, l'éléphante pousse un cri.

– Aaaah !

– Tu jouis, hein, salope, hurle alors le mulot.

*

Le roi des animaux décide d'organiser une grande partouze dans la brousse. Les gazelles avec les zèbres, les crocodiles avec les vautours, les hyènes avec les boas. C'est complètement fou. L'orgie bestiale battant son plein, le lion se promène satisfait, crinière au vent, lorgnant d'un œil lubrique la fornication générale. C'est alors qu'il voit un chimpanzé appuyé contre un arbre, en proie à une crise d'asthme.

– Que t'arrive-t-il ? lui demande le roi des animaux.

– J'ai voulu me faire la girafe.

– Et c'est ça qui t'a fatigué ?

– Non, c'est juste les préliminaires, répond le singe.

– Il ne te faut pas grand-chose pour t'épuiser.

– J'aurais bien voulu t'y voir, toi, avec une girafe qui te dit : « Embrasse-moi, touche-moi le cul, embrasse-moi, touche-moi le cul, embrasse-moi, touche-moi le cul... »

*

Peter Van Glüten veut agrémenter son safari africain d'une chasse au gorille. Bien que ce soit totalement interdit, il réussit à obtenir l'autorisation de pénétrer dans la réserve en versant un copieux bakchich [5] aux gardiens. Il s'y rend seul, de nuit, armé de son fameux fusil express à balles explosives. Alors qu'il marche dans la brume, sur le versant d'une colline à la végétation luxuriante dont les feuilles humides brillent d'un éclat argenté sous la lune tropicale [6], il aperçoit la bête. Un gorille de trois cents kilos avec l'œil aussi tendre que celui d'un policier turc. Le Belge voit déjà l'animal empaillé, debout dans son salon. Il épaule et tire. La balle passe à quelques centimètres du museau du primate qui pousse un rugissement terrifiant. Il bondit sur Van Glüten pétrifié, le retourne d'un geste vif, lui arrache son short de brousse et lui fait subir les derniers outrages.

Van Glüten n'est secouru que le lendemain matin par une patrouille de gardes-chasse qui le trouvent sans connaissance au pied d'une termitière.

---

5. Le bakchich est au pois chiche ce que le pot-de-vin est au pot d'échappement.
6. On dirait du Marguerite du ras des pâquerettes.

Plein de rage vengeresse, le Belge décide de retrouver son gorille. Équipé cette fois d'un lance-roquettes, il retourne dans la jungle. La nuit venue, alors que la rosée descend doucement sur l'épiderme chlorophyllien d'une flore foisonnante et charnue, le gorille apparaît, broutant paisiblement. Van Glüten place une roquette dans son bazooka. Il épaule et tire. Encore raté. La forêt explose derrière la bête. Fou de rage, le gorille se jette à nouveau sur le Belge, lui arrache son short et le viole sans pitié.

Le lendemain, après un court passage à l'infirmerie de la réserve, Van Glüten réussit à emprunter un char d'assaut à l'armée boundalaise.

– Cette fois, King Kong, tu peux compter tes abattis, rugit-il.

Et le voilà qui fonce à travers la jungle avec la ferme intention de détruire le primate à coups de canon. Le blindé écrase les buissons en fleurs, abat les troncs graciles, arrache la mousse délicate qui couvre la terre africaine aux senteurs épicées. Le gorille est là, enfin. Il tambourine sur sa poitrine de ses poings furieux. Le Belge tire et rate encore son coup. Le gorille saute aussitôt sur le char. Sa main puissante arrache la trappe d'accès. Il enfonce son bras dans l'orifice et extirpe Van Glüten qui, terrifié, cramponne son short neuf. L'énorme primate plonge alors son regard dans les yeux du gros chasseur et lui dit d'une voix grave :

– Dis donc, toi, tu serais pas un peu pédé ?

*

L'adjudant Buzard a été chargé par le ministère français des Armées de faire l'instruction des soldats africains. À peine arrivé à Boundala, il les fait aligner dans la cour de la caserne.

– Bande de petits salopards, je veux de l'ordre et de la discipline. Le soir à dix heures, extinction des feux. Les jeux et la boisson sont formellement interdits dans les chambrées. Rompez les rangs !

Le soir venu les Noirs vont se coucher. Extinction des feux. Au bout du bâtiment, pelotonné dans son lit, l'adjudant est en train de lire un intéressant ouvrage sur l'emploi de la « gégène » par Hector Cionère et Martial Laloi lorsqu'il entend des rires. Il se lève et s'approche de la chambrée suspecte. Il entre. Mais les soldats se sont couchés à la hâte en l'entendant arriver.

– Alors, bande de petits salopards. On s'amuse ?

– Non, bwana ! On faisait dodo.

Hélas ! l'adjudant vient d'apercevoir sur la table centrale des encoches faites au couteau.

– Toup ! Vous abîmez le matériel de l'armée ? Ça va vous coûter cher ! Tout le monde debout.

Les Africains se lèvent.

– Qu'est-ce que c'est que ça ? demande Buzard en désignant les encoches.

– C'est un concours de bangala mon adjudant, avoue un bidasse, on se met au bord de la table, on sort nos zibounettes, on les pose dessus et avec un couteau on fait une encoche dans le bois pour savoir qui a la plus longue.

– Ça, par exemple ! fait le sous-off d'un air dubitatif, ça me donne une idée. Je vais aussi poser ma zibounette sur la table. Si elle est plus courte que les vôtres, vous ne serez pas punis. Mais si elle est plus longue, je vous fous quinze jours de placard.

L'adjudant exhibe sa zibounette et la pose sur la table. Voyant qu'il dépasse allégrement toutes les marques faites par les Africains, il sort son canif et marque à son tour la table.

– Ah ! ah ! bande de petits salopards, ricane-t-il sadiquement, je vous tiens !

– Non, non, mon adjudant, fait l'un des bidasses, vous ne vous êtes pas mis du bon côté de la table.

*

L'armée boundalaise a été mise en alerte. Des rebelles d'une tribu sanguinaire ont pris le maquis, bien décidés à renverser le régime du général Assambo Yassah. Les hommes de Buzard sont postés sur la route qui mène à Célakémakaz, la capitale. Ils contrôlent les entrées et les sorties de chaque véhicule. Deux Noirs vêtus de boubous et dont les nez sont peints en blanc arrivent. Buzard les arrête.

– Vous êtes de quelle tribu ? leur demande-t-il.

– *Ako lélé, mndé gogo déouaïte noze.*

– C'est la tribu des nez blancs, traduit le caporal Ndiami.

– C'est bon, circulez !

Une voiture conduite par un Noir avec les oreilles blanches s'approche.

– Halte ! crie Buzard, c'est quoi votre tribu ?

– *Balakémélé, léouaït ir.*

– Il est de la tribu des oreilles blanches, traduit le caporal.

– C'est bon, circulez !

La voiture s'en va. Et voilà un autre Noir qui arrive à vélo. Il a un doigt blanc.

– Halte ! crie à nouveau Buzard, je sais, vous êtes de la tribu des doigts blancs.

– Pas du tout, répond l'homme, je suis charbonnier et j'étais au cinéma avec une copine.

*

Jacques-Henri Burnachon est un jeune fonctionnaire frais émoulu de l'ENA [7]. Il vient d'être nommé à l'ambassade de France au Boundala. Dès son arrivée, il décide d'offrir un

7. Il est paradoxal de constater que si on n'entre pas à l'ENA comme dans un moulin, ça n'empêche pas d'en sortir frais et moulu.

dîner à l'ambassadeur et sa femme, histoire de pratiquer sur le postérieur du susdit quelques caresses linguales en usage chez tout dicotylédone flatulent[8] qui se respecte. Vêtu d'un short, d'une chemise et coiffé d'un élégant bob, il erre, le cabas à la main, dans le souk de la capitale en quête de produits régionaux.

Une petite épicerie où sont empilés pêle-mêle d'innombrables produits en boîtes ou en sacs attire son attention. Un grand Noir en boubou bleu lui sourit commercialement.

– Vous cherchez quelque chose ? dit-il.

– Oui, fait Burnachon, je voudrais une spécialité sauvage pour un dîner original.

– J'ai opportunément ici de l'éléphant en conserve, fait l'épicier en désignant des boîtes grises soigneusement rangées sur une étagère.

– De l'éléphant, s'étonne le Français intéressé par cette incongruité comme le morpion australien par le service trois-pièces du clochard parisien.

– Oui, de l'éléphant, continue l'épicier, que vous pouvez accommoder à votre guise indifféremment au choix en pote-au-feu, banquette ou gâchis parme entier.

– C'est intéressant.

– Choisissez vous-même une boîte, propose l'Africain.

Le jeune énarque inspecte rapidement les étagères et finit par se décider pour une grosse boîte qu'il met dans son cabas. Il paye et rentre chez lui tout guilleret.

Le soir venu, Jacques-Henri Burnachon en bras de chemise et tablier de cuisine, ouvre la boîte d'éléphant pour parachuter la viande qu'il devine juteuse dans une marmite où mijotent déjà les ignames, patates douces et autres légumes locaux. Catastrophe, la boîte est vide. Entièrement vide. L'ambassadeur et sa femme vont arriver dans un quart d'heure. Que faire ? Formé à prendre des décisions rapides, Burnachon

8. Fayot lèche-cul.

fonce chez l'épicier la boîte sous le bras. Lorsqu'il arrive à la boutique, le commerçant boundalais est en train de fermer.

– Dites donc mon brave, lance Jacques-Henri avec aigreur, ce n'est pas de l'éléphant que vous m'avez vendu, c'est du vide.

L'Africain contemple la boîte ouverte que lui tend le Français.

– Ah ! si, c'est de l'éléphant, répond l'outrecuidant, mais c'est vous qui avez choisi la boîte et vous êtes tombé sur le trou du cul.

*

Afin de resserrer les liens entre la France et le Boundala, Jacques-Henri Burnachon a transmis à Népomucène Épaminondas Yao, ministre de la Culture boundalais et à sa femme, Zouina, une invitation à une grande réception à l'Élysée. Au milieu de la foule, les deux Africains, dont c'est le premier voyage en Europe, semblent perdus. Le Président s'approche d'eux et leur présente le garde des Sceaux qui leur serre la main et leur fait poliment la causette[9].

– Le Président m'a demandé de vous présenter le gratin de la classe politique parisienne.

– C'est inutile, répond innocemment Zouina, nous avons mangé suffisamment de petits fours.

Népomucène la foudroie du regard.

– Je crois qu'il est temps que nous rentrions, minaude-t-il diplomatiquement, nous avons un long voyage à faire demain matin.

---

9. Il est difficile de faire la causette sans paraître misérable quand on garde des seaux. (Victor Hugo.)

Après avoir pris poliment congé, Népomucène et Zouina se retirent. Ils appellent la Twingo de l'ambassade du Boundala dans laquelle ils ont laissé leurs valises et se font conduire à l'hôtel *George-V*. Ils se présentent à la réception.

– Bonjour, madame, je voudrais une chambre pour ma femme Zouina et moi-même, dit Yao.

– À quel nom avez-vous réservé ? demande la réceptionniste.

– Je suis Népomucène Épaminondas Yao, ministre de la Culture du Boundala, je n'ai pas besoin de réserver, clame-t-il avec arrogance.

– Je suis désolée, monsieur Yao, mais l'hôtel est complet et si vous n'avez pas réservé, je ne peux malheureusement pas vous donner de chambre.

Mais Népomucène Épaminondas ne l'entend pas de cette oreille.

– Dans mon pays, madame, quand j'arrive dans un hôtel et que c'est complet, on s'empresse avec déférence de libérer une chambre de son occupant et on le jette aux fourmis mamballa qui le dévorent tout cru.

– Excusez-moi, monsieur, dit la réceptionniste d'un air pincé, mais n'ayant pas de fourmis mamballa sous la main, je me vois dans l'obligation de vous demander d'aller chercher un autre hôtel.

– Je me plaindrai à qui de droit, hurle Yao hors de lui, viens Zouina, ne restons pas dans cette immonde gargotte.

Ils sortent mais la Twingo de l'ambassade étant repartie, ils appellent un taxi.

– Chauffeur, dit Yao, nous sommes présentement embarrassés. Pouvez-vous nous indiquer subséquemment un hôtel adéquat pour passer une nuit pleine de sérénité en tant que de besoin.

– Y a pas de problème, répond le chauffeur marocain amusé.

Mais à cette époque de l'année, il y a, à Paris, toutes sortes de manifestations qui attirent une foule énorme : le Salon du

Jardinage de plaisance, le Salon du Sanitaire dodécaphonique, le Salon de la Planche à voile et du Fer à vapeur. Aussi tous les hôtels sont complets. Vers minuit le chauffeur de taxi finit par craquer.

– Écoutez, m'siou. Je vais vous n'en faire gagner du temps, dit-il, mon beau-frère Mahmoud il en a un hôtel à Pigalle qu'est-ce qu'il s'appelle l'*Hôtel de Ouarzazate*. Je suis sûr qu'y a une chambre libre. Je le peux vous emmène tod'suite.

– D'accord, répond Yao résigné, je suis fatigué et ma femme Zouina ronfle déjà sur mon épaule comme un hippopotame dans le marigot.

L'*Hôtel de Ouarzazate* est un hôtel sordide avec une enseigne au néon à moitié cassée, il ne reste plus que « tel zazate ». Népomucène et Zouina y entrent.

– Salut Mahmoud, dit le chauffeur de taxi à l'homme assis à la réception, est-ce que t'y en as une chambre pour mes clients ?

– J'en ai une qu'elle est au sixième étage. C'est celle de Glitta. Ce soir elle travaille sur le trottoir. C'est pas très confortable. La chambre est toute petite mais y en a un grand lit et le cabinet de toilette il est sur le palier.

– Ça ira très bien, dit Yao, allons dormir, je suis exténué. Allez Zouina, porte les valises sur ta tête et montons.

La pauvre Zouina obéit et monte à la suite de son mari, écrasée par son lourd fardeau. Ils entrent dans la chambre, chassant les punaises et les blattes qui sont en train d'y batifoler, se couchent tout de suite et s'endorment profondément.

Soudain Yao se réveille.

– Zouina !

– Pourquoi tu me réveilles en sursaut, Népomucène ? proteste-t-elle.

– Va me chercher à boire.

Docile, elle trouve un verre sur sa table de nuit et sort chercher de l'eau. Elle revient et donne le verre plein à Yao. Il boit goulûment et se rendort.

Une demi-heure plus tard, il s'éveille à nouveau.

– Zouina !

– Mais qu'est-ce que tu as à me réveiller incessamment ? C'est agaçant à la fin.

– Ne discute pas, va me chercher à boire derechef.

Zouina sort à nouveau en grommelant.

– Mais qu'est-ce qu'ils ont mis sur les toasts, à l'Élysée, qui te donne soif comme ça ?

Elle revient quelques instants plus tard avec le verre vide. Le ministre de la Culture boundalais n'en croit pas ses yeux.

– Zouina ! Qu'est-ce qui te prend ? Comment oses-tu me rapporter le verre vide et t'adonner à une pareille outrecuidance ? Ne crains-tu pas mon courroux ?

– Si. Mais cette fois je n'ai pas pu prendre de l'eau.

– Comment ça « pas pu prendre de l'eau ? » Pourquoi ?

– Il y avait un gros Blanc assis sur le puits.

Dans les couloirs de l'Élysée, le Premier ministre croise le Président.

– Eh bien, pourquoi faites-vous cette tête d'enterrement ? lui demande ce dernier.

– J'en ai marre qu'on m'appelle « l'œuf », répond le Premier ministre au bord de la dépression nerveuse.

– N'écoutez pas les médisances d'une poule qui vous prend pour une foire... pardon... d'une foule qui vous prend pour une poire.

– Vous me faites marrer, monsieur le Président. Ma calvitie est la risée d'un peuple entier. Je vais être bientôt obligé de sortir avec un chapeau.

– Vous n'avez qu'à suivre un traitement contre la calvitie.

– J'ai tout essayé : les vitamines, les massages, la crotte de pigeon et même ma propre semence, rien ne marche.

– Si notre semence faisait repousser quoi que ce soit, dit le Président, il y a longtemps que nos femmes auraient de la moustache. Personnellement je ne connais qu'un truc, c'est le miel.

– Le miel ?

– Oui, il faut vous enduire le crâne d'une belle couche de miel pendant quinze jours. Vous verrez, c'est radical, les cheveux repoussent à toute vitesse.

– Bon, dit le Premier ministre, je vais essayer.

Les deux hommes se séparent et quinze jours plus tard se rencontrent à nouveau.

– Alors, cher ami, demande le Président, vous avez essayé mon truc du miel ?

– Oh ! oui, répond le chauve.

– Et ça marche ?

– Je ne sais pas, je n'arrive plus à décoller mon chapeau.

*

À la veille des élections législatives, Bertrand Lomelais [1], qui est député, veut se rendre dans sa circonscription pour assister à une réunion du conseil général. Il déjeune au Joyeux-Toulousain avec quelques collègues de son groupe parlementaire. Le cassoulet est excellent mais le serveur est aussi vif qu'un escargot neuchâtelois émigré en Corse. Bertrand arrive donc très en retard à la gare. Il n'a que le temps de jeter sa valise dans le wagon-lit et de s'y hisser lui-même avec peine au moment où le train démarre. La digestion du cassoulet commençant à faire son effet, l'effort est aussitôt ponctué d'une flatulence ressemblant à un coup de trompe. Heureusement le couloir est désert et notre député soulagé se met à la recherche du compartiment couchette qui lui est attribué. Il le trouve et en ouvre la porte avec bruit ce qui lui permet de camoufler un second dégagement gazeux et bruyant. Personne à l'intérieur. Tant mieux. Mais à peine

1. Comme beaucoup de ses collègues, il est en examen avant de devenir « taulard ». À quand Lomelais taulard ?

a-t-il posé sa valise – effort qui lui a coûté encore un petit coup de klaxon fessier – que le contrôleur se présente à la porte.

– À quelle heure voulez-vous être réveillé demain matin ? demande-t-il.

– On arrive à sept heures, je crois, fait Bertrand Lomelais d'un air détaché.

Le contrôleur opine du chef.

– Alors réveillez-moi à six heures trente.

Le contrôleur prend note et s'éloigne. Content de se sentir seul [2], Bertrand Lomelais entame, tout en se déshabillant et en enfilant son pyjama, une symphonie pétaradante particulièrement variée où les vibratos saxophonesques le disputent aux barrissements à deux tons entrecoupés çà et là de quelques notes de cornemuse calebardienne et d'un brillant trille de clairon. Il s'endort enfin et ronfle, accompagné toute la nuit d'un délicat concerto pour hélicon et flûte de pan.

Le lendemain matin, le contrôleur frappe à la porte.

– Il est six heures trente pétantes !

Pour toute réponse le député encore ensommeillé lâche un petit coup de sirène.

– Comment ? fait le contrôleur étonné.

– C'est rien, ce sont mes articulations qui craquent, lance Bertrand qui, en grand professionnel de la politique, n'en est plus à une hypocrisie près.

Il se lève et en profite, tandis qu'il se rhabille, pour interpréter à nouveau sa petite symphonie personnelle.

Il s'apprête à sortir dans le couloir après avoir terminé son récital pétomaniaque par un magnifique chorus en bas du dos dièse lorsqu'il voit bouger le rideau de la couchette placée au-dessus de la sienne.

– Aïe ! Y avait quelqu'un, s'étrangle Bertrand en blêmissant.

---

2. C'est le cas de le dire.

Surprise : c'est le président du conseil général, la tête est boursouflée de fatigue. Il pose un regard cerné sur le député piteux et lui dit :

– Dites donc, Lomelais, un petit caca, ça vous ferait pas du bien ?

*

Le Premier ministre a demandé à Bertrand Lomelais de partir en mission en Moldovalachie septentrionale afin de développer les relations diplomatiques avec ce petit pays de l'Est. Le député atterrit d'abord en Allemagne où le rejoignent le général Dézaux, spécialiste des questions militaires [3], et Jean-Charles De Flappi, l'attaché d'ambassade. Il fait nuit lorsque les trois hommes montent dans la grosse limousine noire qui doit les conduire de l'autre côté de la frontière. Le général s'assoit près du chauffeur, l'attaché et le député chargé de mission à l'arrière.

Après une heure de route dans une brume si épaisse que le chauffeur a l'impression de piloter un sous-marin dans du yaourt, on voit se profiler au loin des formes sombres, décharnées, à peine éclairées par trois lampes au néon [4]. Le chauffeur glisse alors à voix basse au général :

– On approche de la frontière.

Le général se penche vers l'arrière et dit à son tour à voix basse à l'attaché :

– On approche de la frontière.

L'attaché s'approche de l'oreille du député et lui murmure :

– On approche de la frontière.

---

3. Exemple de question militaire : De quoi sont les pieds du fantassin ? Réponse militaire : Les pieds du fantassin sont l'objet de soins attentifs.

4. « Lampe au néon » est mort à Sainte-Hélène.

– Ah ! répond Bertrand Lomelais.

La voiture avance au pas. Les formes décharnées se précisent. Ce sont d'anciens miradors abandonnés depuis la chute du rideau de fer.

– On est à la frontière, dit le chauffeur à voix basse.

– On est à la frontière, répète le général à voix basse également.

– On est à la frontière, transmet l'attaché d'ambassade lui aussi à voix basse.

– Je le vois bien, dit Bertrand qui a aperçu les deux douaniers frigorifiés sur le bord de la route.

Ceux-ci font signe au chauffeur de continuer sa route et la limousine accélère.

– On a passé la frontière, dit le chauffeur à voix basse.

– On a passé la frontière, dit sur le même ton le général à l'attaché.

– On a passé la frontière, répète à son tour l'attaché tout bas au député.

Bertrand s'étonne.

– Excusez-moi, dit-il, mais nous ne sommes plus sous l'Ancien Régime. Pourquoi parlons-nous si bas ?

– Je ne sais pas, je vais me renseigner, répond à voix basse l'attaché.

Il s'avance vers le général et lui susurre dans la trompe d'Eustache :

– Pourquoi parlons-nous si bas ?

Le général hausse les épaules en signe d'ignorance. Il se penche vers le chauffeur et lui demande à voix basse :

– Pourquoi parlons-nous si bas ?

– Vous, je ne sais pas ! répond le chauffeur dans un souffle, mais moi, c'est parce que j'ai une extinction de voix !

*

Le président de la République est en visite au Jéldarkistan. Alors qu'il parcourt la ville à pied pour serrer les mains d'autochtones que les services de sécurité savent honnêtes – ce qui vaut mieux pour un bain de foule –, on lui interdit l'accès au quartier français.

– *Itize provokaichonne*, s'insurge le Président, *aïe go baque tou maille pleine*.

Et, joignant le geste à la parole, le premier Français fait demi-tour et s'éloigne d'un pas nerveux suivi en catastrophe par le groupe qui l'accompagne.

– Attendez, Monsieur le Président, se lamente derrière lui le porte-parole de l'Élysée, Jean-Patrick La Chemoilet, nous n'avons plus de voiture.

– Comment ça plus de voiture ?

– Nous devions déjeuner à l'Office du Tourisme jéldarkistanais, explique La Chemoilet, et revenir à dos de chameaux à votre résidence.

– C'était une bonne idée, mais comme j'ai horreur qu'on me chie dans les pompes, je ne resterai pas une minute de plus chez des enfoirés pareils.

– Vous n'allez tout de même pas aller à pied à l'aéroport, s'inquiète le porte-parole.

– Je vais pas y aller à vélo. Dans ce pays, ils ont les roues voilées.

– C'est pas le moment de plaisanter, Monsieur le Président, reprenez-vous et continuons la visite.

Le Président s'arrête et fait volte-face, comme s'il allait balancer à La Chemoilet une paire de baffes à lui faire la tronche en Picasso.

– Quoi ? Vous voulez que je me déculotte ? Que la France baisse son froc ? Jamais ! Vous m'entendez, La Chemoilet ? Jamais ! J'aimerais mieux me faire castrer avec un coupe-ongles et me les mettre en boucles d'oreilles.

– Mais, Monsieur le Président !

Pour toute réponse, le Président qui vient d'arriver à un rond-point, lève le pouce pour faire de l'auto-stop. Presque aussitôt une grosse limousine noire conduite par un vieillard cacochyme s'arrête.

– Vous parlez français ? demande le Président en montant à l'arrière de la voiture.

– Un petit peu, chevrote le vieux.

– Je suis le président de la République française, pouvez-vous me conduire à l'aéroport ?

– C'est un plaisir et un honneur, répond l'ancêtre avec un gentil sourire.

La voiture démarre mais le vieux mal assuré ne dépasse pas les cinquante à l'heure. Le Président s'impatiente.

– Écoutez, à cette allure-là on va se faire doubler par un escargot. Pourrions-nous aller un peu plus vite ?

– C'est limité à cinquante, bredouille le nonagénaire qui transpire agrippé au volant comme un vieux perroquet à son perchoir.

Profitant d'un feu rouge, le Président sort de la voiture. Il ouvre la porte avant, extirpe le vieux, le jette sur la banquette arrière et prend sa place derrière le volant. Puis, écrasant l'accélérateur comme s'il s'agissait de la gueule du leader de l'opposition, il brûle le feu, manque de percuter un bus, fait dévier la trajectoire d'un cycliste qui effectue un vol plané jusque dans un kiosque et réussit, après un joli tête-à-queue, à reprendre la direction de l'aéroport à Panthéon ouvert[5]. Le vieillard sur la banquette arrière commence à prendre une jolie teinte vert marbré qui rappelle les huîtres à la nage au tapioca. Mais la police jéldarkistanaise veille. Deux motards prennent en chasse la voiture et la forcent à s'arrêter. Pour contenir sa rage, le Président mord la ceinture de sécurité. L'un des deux flics ayant regardé à l'intérieur du véhicule, il décide d'appeler le commissariat par radio.

– Allô ! missiou li commandante, dit-il, nous en avons arrêté ine voitire por ine excès di vitesse et ine feu rouge brilé. Ma c'est ine personnage trèss importante.

---

5. *À tombeau ouvert* pour le commun des mortels.

– Ah ! fait le commandant ennuyé, c'est ine ministre ?

– No, cé n'est pas ine ministre, répond le motard, c'est pliss importante.

– C'est ine ayatollah ?

– No, pliss importante.

– Le président du Jéldarkistan ?

– No, no, pliss, pliss.

– Comment ça pliss, s'énerve le commandant, qui c'est qu'il est pliss importante ?

– Ji sais pas, ma il a li président di la République fronçaize comme chauffeur.

*

Eugène et Mauricette, qui ont quatre-vingt-cinq ans chacun, viennent de recevoir leur feuille d'imposition. Mauricette n'en croit pas ses yeux. Le percepteur leur demande de payer l'équivalent de l'intégralité de leur retraite.

– Eugène, tu vas aller à la perception et tu vas rouspéter, meugle[6] la vieille dame outrée.

Le vieux enfourche donc sa mobylette et se rend à la trésorerie principale. Mais au moment où il descend de son engin à deux roues, un gardien lui saute dessus.

– Vous ne pouvez pas laisser votre mobylette ici, dit-il sur un ton péremptoire, le ministre des Finances va arriver d'une minute à l'autre.

– C'est gentil de me prévenir, répond Eugène, je vais mettre mon antivol.

*

6. Car elle trouve vaches les tiers qu'elle aimerait payer par traites.

Bertrand Lomelais aime bien aller s'encanailler dans les quartiers chauds. C'est ainsi qu'un samedi soir, il se retrouve à l'*Hôtel de Ouarzazate*, la tête entre les cuisses de la grosse Glitta dans la soixante-neuvième position du Kama-sutra[7]. Alors que l'action est presque à son apogée et que l'arpenteuse d'asphalte commence à chanter la toccata pour orgue en soufflant comme une asthmatique au bord de l'orgue-asthme, Bertrand s'arrête et dit :

– Un député mis en examen dans l'affaire des fausses factures de gaz.

– Pourquoi tu dis ça ? demande Glitta.

– C'est marqué sur un petit bout de papier journal qui était resté collé là.

*

Le Jardin des Plantes est en pleine effervescence car le Premier ministre vient inaugurer un nouveau bâtiment du Muséum d'histoire naturelle. Le cortège passe au milieu des cages et tout le monde s'extasie devant la taille de la girafe, l'adresse des ours, la gaieté des phoques.

Dans un coin, Bertrand Lomelais, qui fait partie du cortège, discute avec un des membres de son groupe parlementaire.

– Tu as vu les derniers sondages, se lamente-t-il, aux législatives il est fort question que la gauche prenne la majorité.

Il ne se doute pas que, près de lui, un grizzli a tout entendu. Le plantigrade épouvanté, les poils dressés sur la tête, se dirige vers l'enclos voisin, celui des tortues géantes.

– Hé, lance-t-il à l'adresse de la plus grosse, il paraît que la gauche va revenir.

---

7. Il y a soixante-huit positions dans le Kama-sutra. La soixante-neuvième sert à nettoyer les outils.

– Quoi ! s'exclame la tortue en laissant tomber la feuille de laitue qu'elle mâchouillait, mais c'est la catastrophe !

– Que se passe-t-il ? demande un babouin du haut de son arbre.

– La gauche va passer aux législatives, répondent en chœur l'ours et la tortue.

– Et alors ?

– Et alors, explique le grizzli paniqué, moi j'ai un manteau de fourrure, ma femme a un manteau de fourrure et le petit a un manteau de fourrure. Ils vont nous tondre.

– Moi c'est pire, dit la tortue, j'ai une maison sur le dos, ma femme a une maison sur le dos et nos enfants ont tous une maison sur le dos. La gauche va nous ratisser.

– Ça n'a pas l'air de t'inquiéter, dit l'ours au singe.

– Oh ! moi, je m'en fous, répond le babouin, dans ma famille on a déjà le cul rouge.

*

Les ingénieurs de la base de Kourou en Guyane viennent de mettre au point la première fusée Marianne destinée à envoyer un homme dans l'espace. Prudents ils préfèrent commencer par y envoyer un chimpanzé. Apprenant la nouvelle, le président de la République proteste :

– On va encore avoir B. B. sur le râble. On a plein d'énarques dont on ne sait que faire, mettons un énarque à la place du singe.

Les ingénieurs ne décolèrent pas – c'est pourquoi la base s'appelle Kourou. Alors pour mettre tout le monde d'accord, on convient d'envoyer ensemble le singe et l'énarque dans l'espace. On les entraîne tous les deux et le jour du départ on leur donne des combinaisons qu'ils enfilent joyeusement.

– C'est tout à fait seyant, remarque l'énarque, il y a plein de petites poches avec des fermetures Éclair partout, c'est très amusant.

On les installe dans la capsule emportée par Marianne 1 et, le compte à rebours[8] ayant défilé sans anicroche, la fusée décolle. Le singe et l'énarque semblent supporter sans effort l'écrasement gravitationnel qui rappelle à ce dernier, le jour où il s'est fait déflorer par la grosse cantinière de son collège. Brusquement, une lumière rouge s'allume face au singe. Avec de petits grognements satisfaits, il ouvre alors la poche gauche de sa combinaison. Il en sort un papier qu'il lit. Puis il appuie sur une série de boutons et Marianne largue ses réservoirs latéraux. L'énarque est perplexe. Il regarde sur le tableau de commande placé devant lui. Rien. Pas un seul cadran, pas un seul voyant.

– Ça alors ! grommelle-t-il, vexé, ils auraient pu me demander, j'aurais fait aussi bien.

La lumière rouge s'allume à nouveau devant le singe. Cette fois, il ouvre la fermeture Éclair de sa poche droite. Il en sort un second papier qu'il lit. Puis il actionne une grosse manette jaune rayée de noir. La fusée se sépare de son premier étage. L'énarque, contrarié, s'énerve.

– Je ne comprends pas que les techniciens de Kourou n'aient même pas pensé à moi pour ces manœuvres.

Puis il réfléchit.

– Peut-être ont-ils mis des petits papiers dans mes poches. Je vais vérifier.

Il ouvre les poches de sa combinaison. Il n'y a que des Kleenex et du PQ. L'énarque se renfrogne.

– C'est inconcevable, dit-il, ce primate est une insulte. La prochaine fois qu'il sort un papier de sa poche, je le lui pique.

À peine a-t-il fini sa phrase que la lumière rouge s'allume. Le singe ouvre une troisième poche. Il en sort un papier. Mais l'énarque le lui prend d'un geste vif et lit :

– C'est l'heure de donner sa banane à l'énarque.

*

8. Ancien pêcheur de perles (les fameuses « perles à rebours ») reconverti dans la comptabilité.

Bertrand Lomelais veut se présenter aux présidentielles. Il doit donc organiser des dîners pour se faire des copains[9]. Pour cela il décide d'engager une domestique. Les quelques postulantes qu'il reçoit chez lui ne l'enchantent guère. Après avoir vu défiler une Boundalaise ensommeillée, une Espagnole autoritaire, une Maghrébine terrorisée, une Russe alcoolique, une Vietnamienne pleurnicharde et une Française râleuse, une lueur d'espoir brille enfin dans son œil quand il voit entrer dans son bureau une petite grosse portugaise toute rougeaude. On dirait un pot de rillettes de morue à l'ail.

– Bonchour, mouchieu, dit-elle joviale.

– Bonjour, madame, répond Bertrand, comment vous appelez-vous ?

– Chou m'appelle Déolinda.

– Quelles sont vos références ?

– Ch'ai travaillé pour la princhèche Dou Glaisis-Varchemeleux. Et pouis pour Son Exchellenche Rachid Huilda, ambachadeur dou Jéldarkistan.

– Belles références. Je vous engage. Vous ferez un essai demain soir car j'ai un dîner avec des ministres, des journalistes, des patrons de multinationales et quelques jeunes comédiennes de « soap » télé en début de carrière.

Le lendemain, lorsque les invités passent à table, Déolinda, en tenue de domestique avec coiffe et tablier blancs, fait le service. Mais elle se déplace bizarrement, les jambes écartées. Le ministre de la Culture, Charles-Henri de La Touffe-Poiniet, en fait la remarque à son hôte.

– Dites donc cher ami, votre bonniche, elle pisse entre parenthèses ou quoi ?

La tablée s'esclaffe.

– Je ne comprends pas, balbutie Bertrand, gêné.

---

9. « Se faire des copains » doit être pris ici dans le sens relationnel et non dans le sens sexuel sinon j'aurais dit que Bertrand Lomelais cherchait à « élargir le cercle de ses amis ».

Mais la bonne est déjà repartie en cuisine. Lorsqu'elle revient pour servir le plat principal ses jambes sont encore plus écartées.

– Elle a dû faire le Paris-Dakar sur un camion-citerne, ricane Gédéon Teuzmany, rédacteur en chef de *Ragots Magazine*.

On pouffe, on glousse, on se boyaute.

– Si jamais elle recommence, rugit Lomelais, je la coince dans la cuisine et je lui chante l'hymne des astiqueurs de trompe d'Eustache.

Déolinda n'a pas entendu car elle revient avec le plateau de fromages et les jambes encore plus écartées. Bertrand bondit.

– Venez par ici Déolinda, dit-il en l'agrippant par le bras.

Il l'entraîne dans la cuisine.

– Ma qu'est-che qui vous prend mouchieu ?

– C'est à moi de vous poser cette question. Qu'est-ce qui vous prend de marcher avec les jambes en arc de cercle ?

– Ah ! il faut qué jé vous echplique.

– Je vous écoute !

– Jé fais partie d'oune club de natourichtes.

– Un club de naturistes ?

– Voui ! Et che choir, après mon cherviche, jou vais à l'anniverchaire dou club.

– Je ne vois pas le rapport entre l'anniversaire de votre club de naturistes et vos jambes écartées.

– Y a oune rapport, dit Déolinda, jé choui obligée de marcher avec les jambes écartées parche que j'ai mis des bigoudis pour faire friser la foufounette.

*

Bruxelles, une heure du matin. Une jeune femme défigurée par la peur, les vêtements en loques ouvre la portière d'une voiture de police.

– Je viens d'être violée par un fonctionnaire de la communauté européenne.

L'un des deux flics belges regarde la jeune femme d'un air du sexe-à-cheveux, pour ne pas dire dubitatif.

– Ce n'est pas possible, dit-il, ces gens-là ne feraient jamais une chose pareille, savez-vous.

– Mais je vous jure que c'était un fonctionnaire de la communauté européenne, insiste la jeune femme.

– Qu'est-ce qui vous fait croire ça, une fois ?

– Il a mis très longtemps à entrer et une fois à l'intérieur, il n'a plus rien fait.

*

Justin Peuniet est commissaire européen. De retour d'une tournée d'inspection, tandis qu'il roule sur la petite route de campagne qui le mène vers Toulouse il aperçoit un berger assis à l'ombre d'un chêne, surveillant ses moutons. Saisi d'une brusque frénésie bucolique cet homme de calculs [10] arrête sa voiture près du berger.

– Bonjour, mon brave. Excusez-moi de vous distraire un instant de votre méditation champêtre, dit-il avec emphase, si je vous dis exactement combien vous avez de moutons, acceptez-vous de me donner un agneau ?

Le berger regarde cet homme en costume d'un œil malin et un tantinet rigolard car il a beaucoup de moutons et avant d'en trouver le nombre exact, il peut courir à perdre la laine.

– Allez-y, on va bien voir !

Justin Peuniet sort de sa poche une calculette qui comporte un troupeau de boutons.

– Quelle est la surface de votre pré ?

– Vingt hectares !

10. Ce sont les calculs qui font les bucoliques frénétiques.

Justin s'agenouille et mesure la hauteur de l'herbe à l'aide d'une réglette graduée puis effectue une série d'opérations avec la dextérité d'un pianiste en train de jouer une cantate de Jean-Sébastien Math.

– Ça nous fait exactement huit mille six cent soixante-cinq moutons, déclare-t-il avec fierté.

Le berger n'en revient pas. Il reste là, la bouche entrouverte, comme un crapaud qui vient de se faire violer par un canard sauvage.

– Je vais me choisir un agneau, reprend Peuniet avec un air supérieur.

– Allez-y, fait le berger, pisque vous avez gagné.

Tout heureux, notre commissaire européen va dans le troupeau et rapporte une bête qu'il met dans son coffre. Puis il remonte dans sa voiture.

– Au revoir mon brave, lance-t-il joyeusement par la vitre baissée.

Mais le berger se lève et lui fait signe d'attendre.

– Si je vous dis ce que vous faites comme métier, dit-il à Justin en s'approchant de la voiture, vous me rendez la bête que vous venez de choisir ?

Justin réfléchit un instant. Quelle ruse le paysan est-il en train de fomenter ?

– D'accord, finit-il par dire, certain que le berger ne trouvera pas.

– Vous êtes commissaire européen.

– Ça, par exemple ! dit le fonctionnaire démasqué.

– Et vous êtes nommé à la commission de l'Agriculture.

– Oui.

– Au bureau chargé plus particulièrement des ovins.

– C'est extraordinaire, dit Justin déconcerté, comment vous avez réussi à deviner ça ?

– Parce que l'agneau que vous avez choisi, c'est mon chien.

Le comice agricole bat son plein à Chavignal-Glaiseux. Matthieu s'y est installé avec les produits de sa ferme et quelques animaux dont César, le plus beau de ses porcs.

– Il est beau votre cochon, dit un Parisien goguenard, je vous l'achèterais bien pour faire du jambon et des saucisses.

Il n'est pas question pour Matthieu de céder le plus beau de ses cochons à un Parisien ignorant, qui croit sûrement que la femelle du porc s'appelle la Porsche.

– C'est qu'il est cher, déclare-t-il, c'est un cochon savant.

– Ça se dresse, les porcs ? demande le touriste intrigué.

– Et comment, fait Matthieu tout content que sa plaisanterie soit prise au sérieux, d'ailleurs vous allez voir.

Il sort une truffe de sa poche et la met sous le groin du cochon.

– César, combien que ça fait cinq et quatre ?

– Neuf, neuf, neuf, fait le porc en reniflant comme un gros « junkie » sur une ligne de coke.

– Vous vous foutez de moi, dit le Parisien qui n'aime pas être pris pour une andouille, il sait pas compter votre cochon, il grogne, c'est tout. Essayez de lui demander combien font quatre et quatre.

– César, dit Matthieu sans se démonter bien qu'il soit sans vices, combien que ça fait quatre et quatre ?

Discrètement il lui donne un coup de pied et le cochon se met à hurler :

– Huit, huit, huiiiiit !

*

La voiture de Gérard le vendeur arrive à la ferme de Matthieu. Il en descend avec une valise et entre sans vergogne dans la cuisine où Sylvette est en train de laver la vaisselle. Avant même qu'elle ait ouvert la bouche, Gérard se lance dans un argumentaire de vente à côté duquel un discours-fleuve de Fidel Castro ressemble à une comptine.

– Chère madame bonjour, avez-vous un aspirateur ?

– Non, monsieur, j'en avions point, répond Sylvette éberluée.

– Eh bien, chère madame, je vais avoir le plaisir, l'honneur et l'avantage de vous faire la démonstration de notre nouveau modèle. Le Super-Turbo-Tubar 9000 à décompression moléculaire. Juste le temps de le brancher et...

– Ah ! mais attendez... tente Sylvette aussitôt interrompue.

– Je sais ce que vous allez me dire. Vous n'avez pas besoin d'aspirateur. Vous n'en avez jamais eu et vous n'en aurez jamais, vu qu'avec un coup de balai de crin vous avez aussi vite fait. Erreur, chère madame, car le Super-Turbo 9000 à décompression moléculaire est plus qu'un aspirateur, c'est un génie qui fait disparaître la saleté en moins de temps qu'il n'en faut à un boa frileux pour enfiler une chaussette de laine. Et je le prouve...

– Oui, mais...

– Ah ! vous êtes difficile à convaincre et je vous comprends. Il vous faut des arguments pas du blabla. Eh bien, pour vous prouver l'exceptionnelle efficacité du Super-Turbo-Tubar 9000 à décompression moléculaire, je vais vous demander de renverser votre poubelle par terre.

– Au milieu de la cuisine ? fait Sylvette assommée par cette logorrhée [1].

– Oui, madame.

– Ça va pas bien dans votre tête !

– N'ayez pas peur, chère madame, car en moins d'une minute le Super-Turbo-Tubar 9000 à décompression moléculaire aura tout avalé. Videz la poubelle. Et s'il reste la moindre miette de saleté par terre, je m'engage à la manger sur-le-champ. Où est la prise ?

– S'i'reste quelqu'chose par terre, vous le bouffez ?

– Oui, madame, vous avez ma parole. Videz la poubelle, vous dis-je.

– Bon, c'est comme vous voudrez.

Résignée, Sylvette retourne la poubelle sur le carrelage de la cuisine. Les ordures se répandent avec une odeur de rot de clochard. Sous les placards, les blattes se frottent les pattes.

– Bon appétit, dit Sylvette.

– Pourquoi bon appétit ? demande Gérard avec un sourire idiot, la prise de courant de l'aspirateur à la main.

– Parce que j'ai point l'électricité.

*

Agri-shop est une grande surface qui vient d'ouvrir ses portes à Chavignal-Glaiseux. Excité par la curiosité, Matthieu s'y rend un matin pour acheter une scie. Il erre entre les rayons, les mains dans le dos, la mine dubitative. Un vendeur qui a senti le pigeon fonce vers lui comme un missile de l'Otan sur un blockhaus irakien.

1. Diarrhée verbale qui nécessite plusieurs rouleaux de papier bavard.

– Puis-je vous aider, monsieur ? demande-t-il à Matthieu d'une voix mielleuse.

– Heu, j'voudrais acheter une scie pour couper des bûches, répond ce dernier en attrapant une scie égoïne pendue à son clou.

– N'achetez pas ça, monsieur, fait le vendeur, pour scier des bûches il vous faut la nouvelle Massacra 1000, la tronçonneuse des bûcherons canadiens. Avec ça vous sciez une bûche d'un mètre de diamètre en deux minutes montre en main.

Matthieu se laisse convaincre et il achète la tronçonneuse. Mais le lendemain, le vendeur le voit revenir l'air furieux, la machine à la main.

– Que se passe-t-il ? demande le vendeur inquiet.

– Il se passe que votre engin, c'est de la camelote, crache Matthieu, j'ai mis cinq heures à couper un arbre pas plus gros qu'un poteau de téléphone.

– Ah ! Nous allons voir ça, fait le vendeur en emportant la tronçonneuse incriminée vers l'atelier. Il revient quelques minutes plus tard avec l'engin et un air perplexe.

– Je ne comprends pas, dit-il à Matthieu, elle fonctionne pourtant normalement quand on démarre le moteur.

– Ah ! y a un moteur ?

*

Matthieu est allé à Paris pour le Salon de l'Agriculture. Il a passé la journée à ramasser des prospectus, à goûter des vins, à discuter le bout de gras avec les cochons en compétition, à tailler la bavette avec les bœufs, à baratiner les plus belles laitières. Tant et si bien qu'il ne voit pas l'heure passer et qu'il rate le dernier train pour Chavignal-Glaiseux.

– J'ai plus qu'à aller dormir chez mon frère qui a un petit studio en banlieue, se dit-il.

Il prend un taxi qui l'emmène à Montreuil et débarque chez l'Antoine qui allait se mettre au lit.

– Adieu Matthieu, dit-il, qu'est-ce que tu viens donc faire par ici ?

– J'ai raté mon train, fait Matthieu penaud, je voudrais savoir si tu pourrais me faire dormir pour c'te nuit.

– Bien sûr. Tu vas coucher dans le canapé. Mais je te préviens, je me lève tôt demain matin. C'est que je travaille en usine moi, je me lève à cinq heures.

Tout en racontant sa vie à Matthieu, il se déshabille. Il se retrouve bientôt en slip sous le regard curieux de son frère.

– Qu'est-ce c'est que tu portes donc là ? demande Matthieu en désignant le sous-vêtement.

– Ça ? Mais c'est un slip, répond l'autre étonné.

– Un zlip ? C'est quoi, un zlip ?

– Comment Matthieu, dit Antoine, ne me dis pas que tu ne sais pas ce que c'est qu'un slip.

Matthieu fait non de la tête.

– Ben, heureusement que tu sors de temps en temps.

– À quoi que ça sert un zlip ?

– Un slip c'est utile, mon gars, explique Antoine, d'abord c'est plus propre et puis ça tient chaud.

– Aaah ! répond Matthieu abasourdi par cette découverte, si c'est plus propre et que ça tient chaud, je vas m'en acheter un, de zlip.

Cette décision ayant été prise, Matthieu se couche et rêve à son futur slip. Lorsqu'il retourne à la ferme le lendemain, sa femme l'entend hurler du bout du chemin.

– Hé, la Sylvette. Viens voir là. Tu vas aller m'acheter un zlip.

– Un quoi ?

– Un zlip, oui. Tu sais donc pas ce que c'est qu'un zlip, espèce de demeurée. Un zlip c'est plus propre et puis ça tient chaud.

Sylvette, sans comprendre le soudain engouement de Matthieu pour quelque chose qu'il n'a jamais porté, se rend donc au village afin d'acheter un slip. Mme Riflette, la mercière, lui vend un beau slip blanc en coton côtelé avec une grande poche devant afin que le bigorneau se prenne pour un bébé kangourou.

Le lendemain matin, Matthieu enfile son slip. Il se regarde dans la glace de la salle de bains et prend fièrement des poses. Puis il enfile son bleu de travail, monte sur son tracteur et part aux champs tout guilleret. Le labour est facile, ce matin-là, la terre est noire et belle. Arrivé à la moitié de son champ, Matthieu ressent le besoin de faire une pause. Il stoppe son tracteur et en descend.

– Tiens, marmonne-t-il, j'ai l'impression que j'ai la quiche au bord du four.

L'alerte organique ne laissant de temps à aucun commentaire philosophique en la matière, Matthieu se dirige vers un gros buisson situé en lisière du champ et commence à défaire son bleu de travail. Il s'accroupit mais il oublie qu'il a un slip. L'affaire étant faite, il s'étonne de ne rien voir sur le sol.

– Le slip, réalise-t-il soudain, c'est vrai que c'est plus propre.

Rempli de bonheur, il remet son bleu de travail, remonte sur son tracteur.

– Mon frère avait raison, constate-t-il alors en s'asseyant, c'est vrai aussi que ça tient chaud.

*

Matthieu s'en retourne à la ferme. Il entre dans Chavignal-Glaiseux juché sur son tracteur tel Leclerc sur son char et s'arrête au bistrot pour y boire un canon.

– Un rouge, laconique-t-il en posant sa main épaisse sur le zinc.

Un client à la mise urbaine le fixe en souriant. Comme Matthieu ne répond à sa mine avenante que par une moue peu amène, l'homme s'enhardit.

– Eh bien, Matthieu, tu ne me reconnais donc plus. C'est moi, François.

– Le Françoué, s'étonne Matthieu, le Françoué qu'a épousé la Thérèse ?

– Oui, mais depuis que j'habite Paris on ne m'appelle plus le Françoué. On m'appelle François.

– Françouâ, vingt dieux, dit Matthieu, et qu'est-ce tu fais à Paris ?

– J'habite un superbe immeuble avenue Foch avec terrasse. Je travaille de chez moi pour la Bourse.

– Tu fais dans l'insémination artificielle maintenant ?

– Mais non, je veux parler des cotations boursières, explique François, de chez moi je passe des coups de fil, je donne des ordres. Puis pour me détendre, je monte sur la terrasse. L'après-midi, je passe d'autres ordres et le soir, repos, je remonte sur la terrasse et c'est comme ça tous les jours.

– Ah ! ben ça ! conclut Matthieu, épaté de campagne devant la vie parisienne.

Les deux hommes boivent quelques verres et le paysan rentre chez lui.

– Hé, la Sylvette, dit-il tout excité en descendant du tracteur, tu sais pas qui c'est que j'ai rencontré t'ta l'heure ? Le François !

– Le Françoué, fait Sylvette, celui qui a épousé la Thérèse ?

– Ouais, sauf que depuis qu'il habite Paris on l'appelle plus le Françoué, on l'appelle le Françouâ!

– Le Françouâ ?

– Ouais ! Et sa femme il l'appelle plus la Thérèse, il l'appelle la Terrasse.

*

La coopérative *Agri-shop* a invité les agriculteurs de Chavignal-Glaiseux et de ses environs à une convention sur les produits phytosanitaires en l'*Hôtel Tourista* à Lagranville.

On les installe dans un grand salon, le directeur d'*Agri-shop* leur projette des diapos vantant les mérites du Zigouyon, le désherbant qui casse, tord et pollue. Puis on passe à table, on mange, on boit et on chante. Mais lorsque l'heure du départ sonne, catastrophe, l'autocar qui devait ramener tout le monde, se croise les pistons et refuse de démarrer. Il ne reste plus au directeur d'*Agri-shop* qu'à sortir son portefeuille pour héberger les paysans à l'hôtel, au risque de se mettre sur la paille pour éviter qu'ils fassent du foin.

Matthieu est aussitôt envahi par une angoisse qui lui travaille la tubulure. Il ne peut pas avertir Sylvette, il n'y a pas le téléphone à la ferme. Elle va sûrement croire qu'il a succombé au charme fessier d'une gourgandine de basse-cour.

Alors le lendemain matin, avant de remonter dans l'autocar enfin réparé, Matthieu trouve dans un petit magasin nommé pompeusement *Folies de Pigalle* un cadeau pour se faire pardonner. C'est une gaine couleur saumon fumé avec porte-jarretelles réglables et baleines en barjométhyl de polymétathane qui vous transforment une cellulite en rondeur Claudia-Schiffesque.

Mais à la ferme, Sylvette attend, furieuse. Dès que Matthieu passe le pas de la porte avec son paquet sous le bras, elle se met à hurler :

– T'as encore été courir le guilledoux, vieux cochon.

– Mais non, le car a tombé en panne. D'ailleurs, je t'ai acheté un cadeau pour me faire pardonner.

Bêtement, il lui tend son paquet.

– Saligaud, gueule Sylvette qui ne décolère pas, j'en veux point, de ton cadeau. D'ailleurs y a du travail. Prends le tracteur et va récolter les betteraves.

Triste à faire pleurer un milicien serbe, Matthieu pose doucement son cadeau sur la table de la cuisine, monte sur son tracteur et s'en va aux champs.

Sylvette finit sa vaisselle en remâchant sa rancœur mais, intriguée par le paquet, l'ouvre et découvre la gaine. Elle l'enfile avec peine et contemple l'effet des baleines dans le miroir du porte-parapluies. Quelle ligne ! Tout excitée, elle met une robe qu'elle n'avait pas mise depuis l'année de son mariage et part, guillerette, au marché. Au retour elle rencontre Adrien, le facteur qui revient de sa tournée.

– Te v'là ben belle, la Sylvette, dit-il, t'as fait le régime ouète-ouatchère ?

– C'est un cadeau de mon Matthieu, une chose que j'ai mise. Tiens, y a personne sur la route, je vas te la montrer.

Sylvette pose son panier et soulève sa robe. Les yeux d'Adrien lui sortent de la tête, il devient cramoisi, pousse un hurlement d'horreur. On dirait un hérisson écrasé par un semi-remorque. Il s'enfuit à toutes jambes.

Troublée, Sylvette continue son chemin. Lorsqu'elle arrive à la ferme, elle croise le Julien, le cantonnier.

– Vous êtes bien jolie, madame Sylvette, dit-il avec un sourire lubrique auquel elle n'est pas réfractaire.

– C'est à cause du cadeau à mon Matthieu, regardez !

Elle soulève sa robe pour montrer à nouveau sa gaine. Le cantonnier se met à trembler à s'en décrocher les grelots, il laisse échapper un gargouillis lavabotique et tombe dans les pommes avec un joli teint de boscop.

– Ça, par exemple ! s'exclame Sylvette.

C'est alors que Matthieu revient des champs avec son chargement de betteraves. La Sylvette l'interpelle.

– Dis donc j'ai mis ton cadeau, commence-t-elle.

– Il te plaît, s'éclaire le pauvre Matthieu plein d'espoir.

– Oui, mais chaque fois que je le montre, tout le monde a peur.

– Fais-y voir, dit-il en descendant de son tracteur.

Sylvette soulève sa jupe. Alors Matthieu pousse un cri. Il tombe à genoux au bord de l'évanouissement.

– Ah ! crénom ! Ah ! bon d'là ! Mais qu'est-ce t'as fait, la Sylvette ?

– Quoi, qu'est-ce que j'ai fait ?

– Les élastiques sur les deux côtés, c'est pour tirer sur les bas, pas sur les bords de la foufounette.

C'est le printemps, Matthieu est très énervé par la saison. Comme Sylvette ne veut pas de lui pour les raisons que l'on vient de voir, il fait Tintin. Matthieu n'ayant pas lu les aventures du fameux reporter, il ignore que celui-ci n'a jamais eu la moindre relation sexuelle avec Milou, même dans *Objectif lune*. Voilà pourquoi, alors qu'il passe près de la porcherie, les grognements amicaux que sa grosse truie lui adresse, éveillent en lui des sentiments porcins. Cédant à l'ignoble tentation, il enjambe la barrière et défait son pantalon. Puis cramponnant la pauvre bête par ses pattes arrière, il essaie de la mettre sur le dos.

– Gruik, gruiiiik, hurle la truie épouvantée.

À cet instant, le facteur arrive. Voyant Matthieu peiner, le pantalon au bas des pieds, il s'approche.

– Qu'est-ce que tu y fais donc à ta truie ?

– Tu vois bien, j'essaie de la retourner sur le dos.

– Pour quoi faire ?

– Ben, c'est le printemps et la Sylvette veut pu d'moi. Alors faute de grive j'attaque le jambon.

– Mais t'as pas besoin de la retourner pour faire ça, s'insurge le facteur, prends-la en levrette et pis c'est tout.

– Oui mais moi je préfère la retourner.

– Pourquoi donc ?

– Parce que j'aime bien embrasser sur la bouche en même temps.

*

Une grosse Rolls Royce blanche arrive à la ferme de Matthieu. Magnifique, un petit émir en sort suivi de son harem dont il est épris et pour lequel il fait le maximum[2].

2. Car mini-émir, mini-épris mais il fait le maximum.

Il entre dans la cuisine où toute la famille est en train de déjeuner. Sylvette, Matthieu, la grand-mère et le grand-père Euzèbe qui fait la sieste en bout de table.

– Qu'est-ce qu'il veut, le drapé avec ses lunettes noires ? dit Matthieu.

– Je veux acheter deux kilos de crin. Tout de suite. Il m'en faut deux kilos, pas moins, sinon j'en veux pas. Je paye très cher, lance le potentat nain d'un ton qui n'admet pas de refus.

Il fait claquer ses doigts et son chauffeur extirpe de sa poche un argument massue sous la forme d'une liasse de billets de cinq cents francs épaisse comme une part de lasagnes.

– Vingt dieux, fait Matthieu attiré par l'argent comme un gardon frétillant à l'appel de l'asticot.

– Matthieu, dit Sylvette dans un souffle, y a ben trente mille francs là. Va falloir tondre l'percheron parce que la crinière et la queue ça suffira pas à faire deux kilos.

Sans un mot de plus, Matthieu prend sa tondeuse et fonce à l'écurie. Il revient quinze minutes plus tard avec un tas de crin qu'il pose sur la balance qui lui tend ses plateaux pleins d'allégresse[3].

– Y a qu'un kilo neuf. Mais ça devrait suffire, dit Matthieu.

– Non ! Non ! Je veux deux kilos sinon je te donne pas le pognon, zobi, fulmine l'émir.

– Oh ! bon d'là de vingt dieux ! qu'est-ce que j'va faire ?

Matthieu voit déjà la belle liasse de billets s'envoler. Il avise alors le grand-père endormi dont l'énorme paire de moustaches représente bien cent grammes. Il s'approche de lui comme un chat d'une souris et hop, d'un coup de tondeuse, il supprime le crin de l'ancêtre et le jette dans la balance.

– Deux kilos, bien pesés, triomphe Matthieu.

– Au poil, conclut l'émir fort à propos en emportant le crin, le pognon il est pour vous.

3. C'est l'allégresse à plateaux.

Et il s'éclipse sous les braillements du vieux qui vient de se réveiller.

– Ma moustache que j'avais depuis la guerre d'quatorze, même qu'elle faisait peur aux boches.

– Pleure pas papy, elle repoussera, dit Sylvette pour le consoler.

– Pi elle nous a fait gagner trente mille francs.

Puis le temps passe et un jour, en revenant du marché, Sylvette voit la Rolls blanche de l'émir garée dans la cour, le grand-père à cheval sur le toit de la ferme, un fusil à la main.

– Papy, qu'est-ce tu fais là-haut ? crie Sylvette.

– Il est revenu l'autre avec son torchon à vaisselle sur la tête !

– C'est pas une raison pour monter sur le toit.

– J'ai pas envie que ton mari me coupe les roubignoles.

– Et pourquoi qu'il te couperait t'y les roubignoles ?

– Parce que l'drapé à lunettes il a proposé dix mille francs à Matthieu pour une douzaine d'œufs et y en avait que dix.

*

Le curé de Chavignal-Glaiseux reçoit la visite de monseigneur Lapince, évêque de Lagranville. Il lui prête un vélo et les deux hommes parcourent la campagne pour visiter leurs ouailles. C'est ainsi qu'ils rencontrent Matthieu dans son potager en train de repiquer des poireaux d'un air sinistre.

– Bien le bonjour Matthieu, lance joyeusement le curé.

– 'lut, répond l'autre en grognant.

– Oh ! ça n'a pas l'air d'aller bien fort.

– Ben, non !

– Raconte-nous donc ce qui ne va pas, dit le curé en descendant de vélo, pourquoi que t'as cette mine piteuse ?

– Ce qui y a qui va pas c'est que Sylvette arrive point à avoir d'enfant. On a beau copuler tous les soirs et même le matin. À l'endroit, à l'envers. Elle est point pleine. Voilà pourquoi que j'ai la mine piteuse et inversement.

– Ce n'est pas en plantant des poireaux que vous allez vous changer les idées, mon pauvre ami, dit l'évêque, suivez mon conseil, faites votre valise et allez à Lourdes. Arrivé là, achetez un très gros cierge, rendez-vous à la basilique et allumez-le en récitant trois Ave et trois Pater.

Fort du conseil de l'évêque, Matthieu se rend à Lourdes, allume un cierge gros comme une fusée Ariane et revient à la ferme pour envoyer Sylvette au septième ciel grâce à une mise sur orbite effectuée en trois coups de tuyère à pot[4].

Quelques années plus tard, l'évêque revient à Chavignal. Toujours en compagnie du curé, il fait le tour du pays. Passant près de chez Matthieu, il aperçoit dans la cour de la ferme une tripotée de bambins. Sylvette, enceinte jusqu'aux yeux, est en train de pendre le linge près d'un landau double où des jumeaux gueulent comme un chat dans un micro-ondes.

– Je vois que Matthieu a suivi mon conseil, dit monseigneur Lapince avec un sourire satisfait, où est-il ce brave homme que je le félicite ?

– Je vas vous le dire où qu'il est le Matthieu, répond-elle agacée, il est parti éteindre le cierge à Lourdes !

*

Un matin, Sylvette dit à Matthieu :

– Tu as encore fait des bêtises, j'ai deux mois de retard. Ça va recommencer.

– Ah bon ?

4. À ne pas confondre avec l'écuyère à Pau dont le mari est un motard de Dijon.

– Oui ! Et ça commence à jaser dans le village. Les gens disent plus que j'accouche mais que je mets bas. Alors je t'en prie, ça doit rester un secret entre nous.

– T'inquiète pas, je dirai rien, promet Matthieu.

Et il part aux champs sur son tracteur. Une heure plus tard, alors que Sylvette est en train de faire la vaisselle, un employé de l'EDF frappe à la porte et entre.

– Bonjour, madame, je viens pour relever le compteur.

– Faites, faites, fit Sylvette, c'est au fond derrière.

Il entre dans un petit placard tendu de toiles d'araignées où le compteur électrique ronronne.

– Ah ! mais dites donc ! fait-il en regardant son carnet et ses fiches, vous avez deux mois de retard.

Sylvette, saisie, laisse tomber son tampon Jex dans la mousse au Paic citron. Son cœur se met à danser la lambada. « Comment le gars de l'EDF sait-il que j'ai deux mois de retard ? Matthieu a parlé, c'est sûr. »

– Il va falloir régulariser ça, madame, continue l'homme en sortant du placard, vous direz à votre mari qu'il vienne nous voir au bureau de l'EDF.

Il s'en va et Matthieu rentre des champs. Il trouve Sylvette effondrée.

– Tu m'avais promis que tu dirais rien au sujet de mes deux mois de retard, pleurniche-t-elle, tu n'as pas tenu parole et maintenant tout l'EDF est au courant.

– Tout l'EDF est au courant ? C'est pas possible, fait Matthieu qui Ampère son latin.

– Oui et tu dois y aller demain.

– Je comprends pas, j'en ai parlé à personne.

Le lendemain, abattu, il se rend au bureau de l'EDF à Chavignal-Glaiseux.

– Ah ! vous voilà ! fait l'employé retranché derrière son ordinateur, asseyez-vous.

Matthieu s'assoit et retire son béret qu'il roule timidement entre les doigts comme un gros cigare qu'à la moindre distraction il pourrait bien fumer.

– Dites donc, fait l'homme en consultant son écran avec aigreur comme un contrôleur du fiel, je vois deux mois de retard, là.

– Comment que vous savez ça ? balbutie le paysan terrorisé par ce qu'il croit être de la magie.

– C'est dans votre fichier sur mon ordinateur.

– Et qu'est-ce qu'il faut que je fasse ?

– Faut l'acquitter !

– Faut la quitter, se méprend Matthieu, ma Sylvette, ah ! ben, non !

– Ah ! monsieur vous choisissez, continue l'odieux fonctionnaire, c'est ça ou on vous coupe tout.

– Ah non ! bêle Matthieu qui nage en plein quiproquo, qu'est-ce qu'elle va faire ma pauvre Sylvette si vous me coupez tout ?

– C'est simple, assène l'employé sans pitié, elle fera comme tout le monde, elle prendra une bougie.

*

C'est jour de foire à Chavignal-Glaiseux. Afin d'aller présenter sa vache Blanchette au concours agricole, Matthieu l'a lavée, coiffée, parfumée. Il la charge dans sa camionnette-bétaillère et se met en route pour la foire. Hélas, à mi-parcours, la camionnette déclare forfait.

– Bon sang ! on va rater l'concours, dit Matthieu étreint par l'angoisse.

– Meuh, répond la vache en regardant passer l'étreint.

La seule solution est de faire du stop. Matthieu se met donc au bord de la route et tend son pouce. Arrive une Porsche décapotable pilotée par Mario, un bellâtre sportif. À la vue de ce paysan en plein désarroi, il s'arrête.

– Puis-je vous être utile à quelque chose, mon brave ? condescend-il.

– Faut qu'j'aille mener la Blanchette au concours, répond Matthieu.

– Eh bien, montez, vous et votre Blanchette.

– Moi je veux bien, mais y aura jamais assez d'place pour ma vache dans votre basket à roulette.

– Blanchette est une vache, réalise Mario, j'ai cru que c'était votre femme. Eh bien, on va l'attacher au pare-chocs arrière. Mais pas d'inquiétude, je roulerai doucement.

Ceci ayant été fait, Matthieu monte dans la Porsche et Mario démarre précautionneusement en première. Au bout d'un moment, le paysan s'inquiète.

– Si vous avancez pas plus vite, on va rater l'concours.

– Oui mais votre vache...

– Vous inquiétez pas, elle suivra.

Le bellâtre accélère donc et passe la seconde. Derrière, Blanchette se met à trottiner.

– Passez donc la troisième, dit alors Matthieu.

– Oui mais votre vache...

– Je vous dis qu'elle suivra.

Il accélère encore et passe la troisième. Derrière, la vache galope.

– Mais allez donc plus vite, bon sang, s'énerve Matthieu.

– Là, votre vache va crever.

– Mais non, allez-y, appuyez sur le champignon, crénom !

L'homme passe la quatrième puis la cinquième. La Porsche fonce. Mario regarde dans son rétroviseur. La Blanchette écume.

– Elle va pas bien, votre vache, dit-il à Matthieu.

– Quoi ? Qu'est-ce qu'elle a ?

– Elle tire la langue !

– À droite où à gauche ?

– À gauche !

– C'est qu'elle va doubler !

*

Matthieu est invité au mariage de son cousin Edmond qui habite Saint-Fémoi-les-Burnettes.

– J'l'aime pas Edmond, dit Sylvette, vas-y tout seul, moi je garderai la ferme.

Matthieu met son beau costume du dimanche et, en guise de cadeau de mariage, il choisit le plus beau canard de sa basse-cour. Edmond en fera un reproducteur car il n'a que des canes. Tandis que Matthieu monte dans le train, son canard sous le bras, ce dernier se frotte les palmes en pensant au festival de canes qui l'attend.

Arrivé à Lagranville, Matthieu est obligé de changer de train. Le départ pour Saint-Fémoi-les-Burnettes étant fixé deux heures et demie plus tard il décide, pour tuer le temps, d'aller au cinéma qui se trouve juste en face de la gare. Bien qu'elle soit blonde et qu'elle n'ait pas mangé de flageolets, la caissière est une rouspéteuse. Lorsqu'elle voit le palmipède que tient Matthieu, elle se met à renauder.

– Les animaux sont interdits dans la salle.

– Ben, qu'est-ce que je vas en faire ? demande Matthieu.

– Vous z'avez qu'à le mettre à la consigne de la gare.

Le paysan retourne piteusement à la gare mais, ayant constaté que les consignes sont des coffres fermés et que son canard risque d'y étouffer, il le cache en l'enfournant dans son pantalon et retourne au cinéma. La caissière abusée lui vend un ticket. Matthieu entre dans la salle où la séance a commencé. Il s'assied près d'une femme qui mange du popcorn avec bruit. Au bout d'un moment, le palmipède commençant à se sentir à l'étroit dans le pantalon de Matthieu, celui-ci ouvre sa braguette pour lui donner de l'air. La bestiole sort la tête et se calme. Lorsque le générique de fin défile sur l'écran, Matthieu rentre hâtivement la tête du canard dans son pantalon. La lumière se rallume alors qu'il referme sa braguette. Aussitôt sa voisine l'apostrophe.

– Monsieur, dit-elle, j'en ai vu dans ma vie. Des grosses, des petites, des molles, des dures, des paresseuses, des frétillantes, mais j'en ai encore jamais vues des comme la vôtre qui, pendant la séance, a bouffé tout mon pop-corn.

HISTOIRES DE SHOW-BIZ

Pendant le Festival de Cannes les plages des grands hôtels sont envahies de paparazzis surexcités et de starlettes impudiques qui se tortillent devant leurs gros zob-jectifs comme des asticots salaces devant un banc de maquereaux. Carla Moidon est une des plus laides mais des plus nues. Ça n'empêche pas les obsédés de la pellicule d'en user des rouleaux [1]. Un photographe plus entreprenant que les autres la convainc de l'accompagner à la projection de *Un taxi pour Chtebroute* le film de Humphrey Bienfuffey. Tout heureuse de pouvoir entrer au cinéma sans payer, Carla accepte de retrouver son cavalier au cinéma.

Quelques heures plus tard, munie de son carton d'invitation, elle pénètre dans la salle obscure envahie par la foule comme l'estomac d'un touriste belge par les moules et les frites – d'ailleurs, ça sent pareil. Malgré l'obscurité, elle distingue le photographe qui lui fait signe. Elle le rejoint et s'assoit à la place qu'il a gardée près de lui.

---

1. Comme le coiffeur, le photographe a des rouleaux avec lesquels il aime fixer la raie.

Le film commence. Les scènes torrides s'enchaînent les unes aux autres. Carla est tellement excitée qu'elle laisse le photographe l'embrasser goulûment. Au comble de l'extase, elle lui attrape la zibounette. Un frisson la saisit.

– Qu'est-ce qu'il est froid ton zizi, dit-elle.

– C'est pas mon zizi, fait le photographe, c'est mon Esquimau.

*

Un jeune comédien arrive au bar d'un grand hôtel sur la Croisette. Il a l'air profondément troublé.

– Un whisky, dit-il.

– Pur malt ou blended ? demande le garçon.

– Blindé ça ira, répond le jeune homme en cramponnant le bar.

Sentant que ce dernier va prendre son bar pour la tombe du soldat inconnu vu la gerbe qu'il est sur le point d'y déposer, le garçon lui sert illico un grand verre de Glen Fortich. Le jeune homme le vide avec délectation.

– Un autre s'il vous plaît, dit-il en tendant son verre.

Le garçon le sert à nouveau.

– Ça n'a pas l'air d'aller, constate-t-il.

– Si, si. Je viens d'être engagé dans un film important.

– Ah ! Alors ça s'arrose.

Et le garçon sert un troisième whisky au jeune homme.

– Mettez-en un quatrième et aussi un cinquième, j'arrose aussi ma première turlutte.

– Oooh ! fait le garçon, si c'est votre première turlutte je vous offre la bouteille.

– C'est pas la peine, répond le jeune comédien, cinq verres, ça devrait suffire pour faire passer le goût.

*

Pendant une représentation du *Cid*, tandis que sur scène, Rodrigue est en train de chercher des crosses au comte, une femme se lève en hurlant et monte sur sa chaise. Un murmure parcourt l'assistance. On fait rasseoir la dame. L'acteur se racle la gorge et reprend :

– *À moi comte, deux mots...*

Une autre femme laisse échapper un cri d'effroi, se lève et recule dans l'allée centrale. Le public commence à protester. L'acteur, magnanime, calme les impatients d'un geste et d'un sourire.

– *À moi, conte de Meaux...*

Cette fois ce sont deux femmes qui crient et se lèvent.

– Ça suffit, proteste-t-on dans la foule.

L'un des acteurs s'insurge en alexandrins :

– *Serait-ce que le Cid paraisse un peu vieillot.*

Le texte de Corneille, pourtant, est encore beau.

Mais le tumulte va croassant. Les acteurs agacés appellent le directeur du théâtre. Une ouvreuse accourt avec une lampe de poche. On découvre alors un vieux bonhomme qui erre à quatre pattes entre les rangées de sièges.

– C'est vous le responsable de cette pagaille ? demande le directeur.

– Je cherche ma perruque, répond le vieux.

– Ça fait un moment que ça dure.

– Ben, dans le noir, c'est pas facile, explique l'ancêtre, quand je pose ma main et que je sens quelque chose de velu, je me dis « Ah ! je la tiens. » Et hop elle s'enfuit en hurlant.

*

Dans un cinéma, la séance vient de commencer. Rambo est sur l'écran.

– Ouais ! Où c'est qu'ils sont les niakoués ?

Dans la salle un type, allongé dans l'orchestre, se met à crier :

– Ahh ! Mmm'bé !... Mmm'bé !... Mmm'bé !...

L'ouvreuse arrive.

– Mais, monsieur qu'est-ce que vous faites là ?

Le type :

– Mmm'bé !... Mmm'bé !... Mmm'bé !...

– Mais c'est pas possible. La séance est commencée.

Rambo sur l'écran s'impatiente.

– Bon alors, je peux continuer à bouziller des niakoués ou quoi ?

– Mmm'bé !... Mmm'bé !... Mmm'bé !... continue l'homme.

Tout en s'excusant auprès des spectateurs environnants, l'ouvreuse s'énerve.

– Donnez-moi votre billet, dit-elle à l'homme.

Il obéit. L'ouvreuse regarde le ticket.

– Mais monsieur, qu'est-ce que vous foutez à l'orchestre, c'est un billet de balcon.

– Oui je sais, fait l'homme, je suis tombé !

*

Sur la scène du Don Camillo, un ventriloque fait raconter par sa petite marionnette des histoires belges qui n'ont aucun succès. Dans la salle c'est le monde du silence car les spectateurs restent aussi muets que le slip de bain du commandant Cousteau en plongée à cent vingt mètres. Pourtant le ventriloque s'acharne :

– Est-ce que tu sais pourquoi les chiens belges ont le front plat ? fait la marionnette.

– Non !

– C'est à force de courir après les voitures en stationnement.

Pas un rire. Les visages des spectateurs qui restent de marbre n'arborent pas une ride aux commissures [2]. Mais le bougre insiste.

---

2. Ce sont des commissures de peau lisse.

– Tu sais pourquoi la pilule est le contraceptif préféré des Belges ? demande la marionnette à son maître.

– Non !

– Parce que c'est plus facile à avaler que le préservatif.

À cet instant un homme se lève au premier rang, outré.

– Écouteï, ça commence à bien faire de se moquer des Belges, une fois. Nous sommes tous Belges ici, alors je vous demande d'arrêter tout de suite votre humour lamentable et raciste qui ne fait rire que vous.

– Excusez-moi, monsieur, répond le ventriloque, mais ça fait trente ans que je fais ce numéro et vous êtes bien la première personne qui me dit ça...

– Taisez-vous, répond le Belge, c'est pas à vous que je parle, c'est au petit bonhomme sur vos genoux.

*

Jean-Seb est saxophoniste. Pour se faire engager dans un grand orchestre de jazz il veut enregistrer son talent sur bande magnétique. Il se rend dans un studio et commence à massacrer quelques standards. Tandis qu'il s'essouffle dans son entonnoir à « coin-coin », un gros type moustachu, sale et suintant, entre en régie. On dirait Demis Roussos qui aurait dormi dans une décharge municipale. Il écoute derrière ses lunettes noires, tirant sur un énorme cigare malodorant.

À la fin du morceau, l'ingénieur du son appelle le saxo par l'interphone.

– Hé ! Jean-Seb, y a monsieur Chmonfrère qui voudrait que tu lui improvises un petit truc de cinq minutes.

– Cinq minutes, c'est pas un petit truc, c'est pour faire quoi ?

Le gros type sale prend le micro et y crache ses miasmes.

– Salut, je m'appelle Thierry Chmonfrère, je suis producteur de cinéma. Je prépare un « rimèque » de *Neuf semaines et demie*. J'ai besoin d'une musique pour illustrer une scène de strip-tease comme celle de Kim Basinger qui agite ses nichons sous le pif de Mickey Rourke. C'est payé tout de suite mille francs en liquide.

Trop content de pouvoir récupérer un peu d'argent, le saxophoniste accepte. Il improvise. On écoute la bande. C'est époustouflant.

– Je n'ai jamais joué comme ça, dit-il ému comme une rosière dans une partouze, j'aimerais avoir une copie de la bande.

– Ok, dit l'ingénieur du son en rallumant son joint, ça sera prêt demain matin. Mais le lendemain, lorsque le saxophoniste retourne au studio, c'est un autre ingénieur du son qui l'accueille.

– Chmonfrère est venu chercher l'original de l'enregistrement ce matin, dit-il, et j'ai aucune copie.

– C'est pas possible, se lamente Jean-Seb.

Par un hasard extraordinaire il trouve l'adresse de Chmonfrère. Arrivé là, déception, c'est une boucherie cachère.

– Désolé, dit le boucher comme si on lui demandait une côte de porc, M. Chmonfrère a déménagé.

Le facteur arrive à cet instant.

– M. Chmonfrère ? Thierry Chmonfrère ? Il habite au 46, rue de Pernambouc. C'est pas loin.

Jean-Seb y court. L'immeuble vient d'être démoli. Il entre dans un bistrot minable qui jouxte les ruines.

Une grosse radasse nettoie les verres derrière le bar.

– Je le connais Chmonfrère, dit-elle d'une voix aussi grasse qu'un sandwich rillettes-beurre, c'est un immonde porc lubrique. Il produit des films pornos. Même que j'ai tourné dedans. Ça s'appelait *La chevauchée quand t'astiques*. Il a un cinéma vers Pigalle. Allez-y voir, vous avez des chances de le rencontrer.

Jean-Seb fonce à Pigalle. On lui indique un cinéma, le *Chmonfrère Palace* à l'affiche duquel il voit un film intitulé non pas *Neuf semaines et demie* mais *Vingt-neuf centimètres et demi*. Inquiet, le musicien pénètre dans la salle. Seul un couple de vieux est assis au premier rang. Le film commence. Une paire de fesses de quatre mètres sur trois s'agite. On dirait un flan vanille-chocolat pris dans un tremblement de terre. Jean-Seb est consterné car plus le film avance, plus les scènes plongent dans l'ignominieux. Épouvanté il cache son visage dans ses mains. Brusquement il entend sa musique. Il ouvre les yeux. Horreur. Sur l'écran un clochard est en train de se farcir un teckel. C'est affreux.

– Ma musique, s'exclame-t-il, ma musique, c'est ma musique.

Les deux vieux se retournent, admiratifs.

– C'est votre musique ? dit la vieille avec un sourire, eh ben, nous c'est notre chien.

*

Le grand Mystix vient de finir son numéro de magie au cabaret *L'Alcatraz*. On frappe à la porte de sa loge.

– Entrez, c'est ouvert, dit-il.

Une ravissante jeune femme entre, un panier et un stylo à la main.

– Excusez-moi de vous déranger, dit-elle timidement, puis-je avoir un autographe.

Mystix la toise, l'estime, la jauge, lui soupèse mentalement le matos. Puis avec un sourire à transformer un élastique de porte-jarretelles en corde de stradivarius, il dépose sa griffe sur le papier. Il prend la main de la jeune femme.

– Tu aimerais que je te fasse un tour de magie ? lui dit-il.

– Oh ! oui.

– Déshabille-toi.

– Toute nue ?

– Toute nue !

Elle obéit, tremblante.

– Tourne-toi et incline-toi un peu.

– C'est quoi comme numéro de magie ? demande-t-elle suspicieuse.

– C'est simple, répond Mystix, je te saute et tu disparais !

*

Un éditeur donne un cocktail à l'occasion de la sortie du livre écrit par une célèbre vedette du grand écran. Tandis qu'elle pose devant un mur de photographes, une autre vedette l'aborde.

– J'ai lu votre livre, attaque-t-elle, c'est superbe. Qui vous l'a écrit ?

– Je suis très heureuse qu'il vous ait plu, répond l'autre sur un ton vipérin, qui vous l'a lu ?

*

Le cirque Bouldegum est un petit cirque dirigé par deux copains, Bernard et Boris. Ils vont de banlieue en banlieue présenter à de rares spectateurs un spectacle où rivalisent de mauvais goût Gédéon Gédéhef, le pétomane cracheur de feu, Bébert, le morpion funambule qui marche sur un poil de cul tendu entre deux allumettes et un numéro de clown pitoyable qu'ils effectuent sous les noms de Nanar et Bobo dont le point fort est un concours de lancer de crottes de nez dans un dé à coudre. Après cinq ans d'errance sans succès, Bernard craque. Il quitte Boris et le cirque pour s'installer à son compte.

Seul en piste, Bobo continue son voyage désespéré vers la honte. Un jour, il installe son chapiteau piteux à Boufémoi-les-Cougnettes. Pour rameuter le public, il circule dans les rues juché sur un vélo bariolé en hurlant dans un porte-voix en carton :

– Ce soir, de retour d'une tournée mondiale à Las Vegas et au Kamtchatka, le cirque international Bouldegum vous présentera un spectacle étourdissant avec, en vedettes américaines, Woumba l'éléphant et Bobo le clown.

À l'instant où il s'apprête à brûler un feu par inadvertance, une grosse Bentley manque de le renverser. La voiture freine à temps.

– Et alors, ça va pas ! hurle Boris dans son porte-voix.

Le conducteur ouvre sa vitre, c'est Bernard.

– Boris, s'exclame-t-il, tu n'as rien, c'est moi Bernard, tu ne me reconnais pas ?

– Bernard, c'est pas possible. Ben, mon cochon, t'as l'air d'avoir fait du chemin.

En effet, Bernard est vêtu d'un magnifique costume à l'étoffe précieuse et fume un gros havane.

– Oui, j'ai monté une boîte d'import-export. Ça marche du tonnerre de Dieu. Et toi, toujours dans le cirque ?

– Suis-moi et tu vas voir, répond Boris énigmatique, ça va être l'heure de la séance de matinée.

Boris remonte sur son vélo et mène Bernard et sa Bentley à un terrain vague derrière la décharge municipale où il a monté son chapiteau.

– Va t'asseoir dans les gradins, tu vas pas être déçu, dit Boris à son copain, moi je vais me préparer.

Il disparaît. Bernard va s'installer et au bout de quelques minutes, une bouillie musicale sortie d'un lecteur de cassettes au bord de l'explosion retentit. Bobo entre en scène déguisé en clown.

– Ah la la, la la, la la, crie-t-il avec une voix de crécelle qui rappelle l'horrible grincement de la craie sur le tableau noir, les petits enfants, vous voulez voir l'éléphant Woumba ?

– Ouiiiiii ! crient les mômes.

Bobo tape dans ses mains. Un éléphant sale et sénile entre en piste. Bobo le clown lui attrape la trompe et souffle dedans. Puis il court derrière le pachyderme et lui soulève la queue. L'animal envoie alors une épouvantable flatulence qui fait tourner la perruque du clown. Le clown nauséabond se retire sous les ricanements hystériques des enfants. Bernard horrifié va retrouver son ami dans sa roulotte. Boris est en train de se démaquiller.

– Alors, qu'en penses-tu ? demande-t-il.

– C'est affligeant, répond Bernard désolé, tu es mon ami, je n'ai pas le droit de te laisser continuer à te couvrir ainsi de ridicule, je vais te trouver une place de directeur d'une de mes succursales.

Boris, indigné, se tourne alors vers lui et réplique sèchement :

– Moi, quitter le show-business ? Jamais !

Lorsque les premiers jours de mai ornent les berges de la Seine de bourgeons tendres couverts de pucerons qui les sucent avec délices et que les arpenteuses d'asphalte font subir le même sort aux tout premiers touristes, deux clochards, Crassus et Diogène, débarquent sous le Pont-Neuf afin d'y établir leurs quartiers d'été. Ils s'assoient par terre et, avec des grognements satisfaits, retirent leurs godillots.

– Ouah ! la vache, fait Crassus à son pote, t'as les pieds beaucoup plus dégueulasses que les miens.

– C'est normal, répond l'autre, je suis le plus vieux !

*

– On n'a plus un rond, dit un jour Crassus à Diogène. Si on veut bequeter aut'chose que des résidus de poubelles, va falloir se dégotter un petit boulot.

Devant l'urgence, les deux clochards réussissent à trouver un emploi de laveur de carreaux. Un camion élévateur les monte à l'aide d'une nacelle le long de la façade d'un immeuble de bureaux.

– Comment que ça se fait, demande Crassus, qu'on l'a eu aussi facilement, ce boulot ?

– Ils cherchaient des laveurs de carreaux ? Ils ont trouvé deux éponges. Qu'est-ce que tu veux de mieux ?

Crassus reste un instant en admiration devant la profondeur philosophique de cette remarque puis il se met à l'ouvrage. Une fois leur travail terminé, le camion élévateur redescend les deux clochards et s'en va. Le nez en l'air, ils contemplent fièrement leur travail. Brusquement Diogène sursaute.

– On a oublié une fenêtre au dernier étage.

– Et le camion qui est reparti. S'ils s'en aperçoivent, ils vont pas nous payer.

– On est mal, on est mal.

Les deux hommes, angoissés, se mordent les doigts de leur négligence. Le goût de savon que Diogène y trouve stimule son imagination.

– J'ai une idée. On va monter sur le toit, je vais t'attraper par les bretelles et tu vas nettoyer la vitre.

– Ah ! ça c'est pas con, répond Crassus que l'aventure séduit.

Aussitôt les deux clochards montent sur le toit par l'escalier de service. Crassus prend sa raclette et son éponge et Diogène le fait descendre le long de la paroi en le tenant par les bretelles.

– Est-ce que tu peux me faire faire le yo-yo ? demande Crassus. Ça ira plus vite pour nettoyer le carreau.

Approuvant l'astuce, Diogène imprime aux bretelles de son ami un mouvement vertical de bas en haut qui lui permet effectivement de couvrir sans effort toute la surface de verre.

Soudain Crassus, montant et descendant au-dessus du vide comme un ludion, se met à rigoler.

– Pourquoi que tu te marres ? lui demande son compagnon.

– Je suis en train de penser que si jamais mes bretelles claquent, tu vas te les prendre en pleine gueule.

*

En allant faire un tour du côté de Meudon, Crassus et Diogène ont repéré une jolie villa dont la vétusté de la clôture laisse envisager qu'elle est aussi impénétrable qu'une nymphomane dans un camp de nudistes. Cependant, avant d'entrer dans la propriété, Crassus fait remarquer à Diogène une pancarte placée à l'entrée et sur laquelle ils peuvent lire :

ATTENTION PERROQUET MÉCHANT

Les deux hommes rient sous cape comme le faisait Zorro qui en avait plein le cigare. Ils ouvrent sans peine la porte du pavillon. Une fois passée l'entrée, ils se trouvent tous deux dans un salon luxueux, aux meubles précieux. Un tapis chinois du XVIIe siècle recouvre le sol de sa haute laine amoureusement tricotée à la main par les quatorze femmes de l'empereur de Chine, elles-mêmes amoureusement tripotées à la main par l'empereur de Chine lui-même. Dans des vitrines, des bibelots inestimables tels ces soldats nippons qui défilent en chantant « Tiens voilà du Bouddha ». Sur les murs, de la soie sauvage issue de vers à soie spécialement élevés à la bière pour augmenter leur envie de tisser. Les deux hommes sont aussi babas que la caverne d'Ali qu'ils viennent de découvrir.

– Tiens, le v'là, ton perroquet méchant, s'esclaffe Diogène en désignant un volatile maigrichon et tout pelé, agrippé à un perchoir plein de crottes.

– Râââââ! qui c'est Coco ? fait le perroquet.

– Ah ! ah ! ah ! rigole Crassus sous le nez de l'oiseau, Coco c'est un perroquet à la con qui me fait pas peur.

– Râââà! et qui c'est Brutus ? demande le perroquet de sa voix de fausset.

– Je sais pas et je m'en fous, répond Diogène.

– C'est un pitt-bull qui dort dans la pièce à côté, dit le perroquet. Brutuuuus, attaaaaque !

*

Tous les matins, à la même heure, Diogène est réveillé par le bruit d'un chantier proche de son pont. Il se lève donc en rogne et passant près du Sénégalais qui peine sur son marteau piqueur, il lui assène tous les jours la même blague :

– Alors on fait de la mobylette !

Au bout de quinze jours de ce régime, le Sénégalais, à bout de nerfs, dit à ses copains :

– La prochaine fois que ce clodo maudit passe par ici, prévenez-moi présentement et je lui fous un parpaing sur la gueule.

Le lendemain matin, Diogène, réveillé à nouveau par le bruit du chantier, s'en approche d'un pas décidé.

– Pet, le v'là, dit un collègue au Sénégalais.

Ce dernier quitte son marteau piqueur. Il saisit un parpaing, le soulève jusqu'au-dessus de son épaule, le cale avec sa tête et s'apprête à le lancer sur Diogène. Mais le clochard reste à bonne distance et brame à travers la rue :

– Alors, on écoute du rap sur la FM !

*

Crassus entre au bar du Joyeux-Toulousain avec un petit chien sans pattes dans les bras. Un pauvre roquet lépreux avec seulement la tête et la queue. Il le pose sur le bar et commande un blanc sec. M. Bastaing, le patron, s'approche intrigué.

– Eh bé, il est bizarre ce chien !

– Ouais, mais c'est mon chien !

– Le pauvre, il a pas de pattes.

– Môssieur est observateur, fait le clochard, goguenard.

– Et comment il s'appelle, le chien-chien ?

– Il a pas de nom !

– Comment ça, il a pas de nom ? C'est pas bien. Il faut lui donner un nom à cette pauvre bête, dit M. Bastaing s'érigeant brusquement en défenseur des animaux.

Encore un peu et il ne reconnaît plus personne en Harley Davidson.

– Mon chien, ça lui sert à rien d'avoir un nom, répond Crassus, quand on l'appelle il peut pas venir.

*

Diogène et Crassus se promènent au bois de Boulogne.

– Oh ! t'as vu la jolie Brésilienne, fait soudain Crassus en montrant une grande bringue à la peau basanée maquillée chez McDonalds.

– C'est pas une Brésilienne, abruti, répond son copain, c'est un travelo.

– Un travelo ?

– Oui, môssieur. La différence entre une gonzesse et un travelo brésilien, explique Diogène, c'est que le Brésilien dissimule sous sa minijupe une jolie paire de maracas.

À cet instant, la grosse Glitta qui tapine non loin de là se rend compte de la présence du travesti en question.

– Qu'est-ce que tu fous là, toi ? lui braille-t-elle sous le nez.

– Ben jou fais lou trottoir comme toutes les poutes, répond le travesti.

– Toi, une pute ? Tu parles ! Quand tu marches j'entends tinter les grelots. Viens pas tapiner chez nous. Ici c'est chez les putes. Les travelos, c'est là-bas.

– Jou tapine où jou veux et chi t'es pas contente ché pareil espèche de bacalao.

– C'est quoi une bacalao ?

– Ché oune morue salée.

– Et ça c'est une tartine pour aller avec.

Et « paf ». Glitta retourne une paire de torgnoles au Brésilien, de quoi lui transformer la tronche en cul de babouin pendant quinze jours. Aussitôt c'est la bagarre. Les putes arrivent de partout pour prêter main-forte à Glitta. Les travestis rappliquent aussi pour aider leur copain. En quelques secondes le bois de Boulogne est transformé en champ de bataille.

– Si on n'arrête pas ça rapidos, fait Diogène, les arbres du bois risquent d'être décorés genre sapins de Noël avec de la tripaille en guirlande et des roubignoles pour faire les boules.

Il se dirige vers un car de CRS garé non loin de là. Manifestement ils n'ont rien vu.

– Messieurs, leur crie-t-il, venez vite, les prostituées se battent contre les travestis.

Tous les CRS se mettent alors à sautiller dans le car en criant de leurs voix hystériques :

– Oh ! mon Dieu, pourvu qu'on gagne, pourvu qu'on gagne !

*

En voyant le punk qui vient d'entrer dans son bar *Le Joyeux Toulousain*, M. Bastaing, le patron, manque de se décrocher la mâchoire. L'individu a une épingle à nourrice dans l'oreille et ses cheveux teints en rouge sont dressés sur sa tête comme une énorme crête.

– Une bière, siouplaît, dit-il d'un air dédaigneux en écrasant son joint sur le sol.

Considérant, qu'après tout, chacun est libre de se coiffer comme il veut, M. Bastaing remplit un verre à la pression et le pose devant le punk. C'est à ce moment qu'entre Diogène. Il s'arrête époustouflé à la vue de la crête rouge.

– Ah ! ben, merde, fait-il estomaqué.

Puis il s'approche du bar auquel il s'accroche en tremblant.

– Un pastis, dit-il au patron.

Celui-ci le sert et Diogène vide son verre d'un trait. Il regarde à nouveau le punk d'un air catastrophé.

– Ah ! ben, bordel de merde de bordel de merde ! Un autre pastis !

Le patron le sert à nouveau. Le clochard boit et fixe le punk aux cheveux rouges qui commence à en avoir ras la crête qu'on le dévisage en braillant « bordel de merde » ! Il pose sa bière et s'avance vers Diogène d'un air menaçant.

– Hé, qu'est-ce t'as le clodo ? Tu cherches la baston ? C'est ma crête rouge qui te plaît pas ? Pourquoi tu me regardes comme ça ?

– C'est parce que y a vingt ans j'ai baisé une poule, je croyais que tu étais mon fils.

*

Crassus rejoint Diogène au Joyeux-Toulousain où il entre saoul comme Frédéric Chopin [1]. C'est l'heure de la fermeture mais les deux pochetrons restent accrochés au comptoir comme deux chewing-gums sous un pupitre d'école primaire.

– Je veux un whisky, brame Crassus.

– C'est hors de question, dit M. Bastaing, je ferme.

1. Chopin étant Polonais, c'est de lui que vient l'expression « boire une chopine ».

– Eh ben, je te fais un pari, insiste Crassus, et si je gagne tu m'offres un whisky.

– Bon d'accord, fait M. Bastaing pour se débarrasser des ivrognes.

– Je te parie que j'arrive à me mordre l'œil droit.

Diogène s'étonne, M. Bastaing soupire.

– Pari tenu !

Crassus retire alors son œil de verre et le mord. Diogène se tord de rire et le patron, furieux, sert un verre que Crassus vide d'un trait.

– Bon, allez ! dehors, s'exclame M. Bastaing.

– Attends, attends, dit le clochard, je te fais un autre pari.

– D'accord, vas-y, fait le bistrotier lassé.

– Je te parie que je me mords l'œil gauche.

– Alors ça c'est pas possible.

Crassus retire son dentier et se mord l'œil gauche. Diogène est hystérique et le patron sert un second verre à Crassus qui fait cul sec.

– Et maintenant je te parie que je te fais pipi dessus sans te mouiller.

Le patron étonné par les astuces de l'ivrogne laisse faire.

– D'accord mais c'est le dernier pari, dit-il.

Crassus monte alors sur le bar et pisse copieusement sur le patron qui se met aussitôt à hurler.

– Arrête, espèce de dégueulasse, je suis trempé.

– Qu'est-ce que tu veux, fait alors Crassus, on peut pas gagner à tous les coups.

C'est la rentrée des classes. Le ministère de l'Éducation nationale a fait faire quelques transformations au lycée Madeleine-Pétard. À la récréation, Mouloud s'approche d'un groupe de copains et copines.

– Hé, vous avez vu, ils ont installé un distributeur de chewing-gums dans les chiottes. Yo !

– Ouah ! le bouffon, répond l'un des ados, c'est pas un distributeur de chewing-gums, espèce de trompette, c'est un distributeur de préservatifs.

– Ah bon ! dit Mouloud déçu, je me disais aussi, c'est la première fois que j'arrive à faire des bulles.

*

Mme Guignolet vient d'être nommée professeur de français au lycée Madeleine-Pétard. D'entrée les ados la taquinent pour tester sa résistance. Ils l'arrosent avec de l'eau bouillante, ils la déshabillent et la badigeonnent de crottes de pigeon, ils lui roulent dessus avec leurs mobylettes dont les pneus ont été garnis de clous rouillés, bref des plaisanteries rudes mais dans lesquelles Mme Guignolet s'efforce de trouver le témoignage d'une affection maladroite habilement dissimulée. Après deux mois de ce régime, la prof ayant tenu le choc et les adolescents étant à court d'idées, ils lui laissent faire son cours.

– Bonjour les jeunes, lance-t-elle en entrant dans la classe couverte de bleus.

– Salut la Schtroumpfette, répondent les boutonneux sauvages.

– Nous sommes au mois de mai, il est donc temps de faire notre premier cours de français. Nous allons aujourd'hui parler du raisonnement. Qu'est-ce que le raisonnement ?

– M'dame, m'dame, fait un grand rouquin avec une moustache naissante, y a Mouloud c'est une cloche alors quand on lui tape dessus, il résonne.

Toute la classe s'esclaffe bruyamment.

– Cette explication ne me semble pas correspondre au sens réel du mot raisonnement, corrige prudemment Mme Guignolet, maintenant je vais vous donner un exemple. Il y a trois perdreaux sur une branche. Un chasseur tire et en tue un. Combien en reste-t-il ?

– Je sais m'dame, dit un petit râblé aux tempes rasées, il en reste deux parce que trois moins un, ça fait deux. Le prof de maths, il nous l'a appris la semaine dernière.

– Non, Manu. Il ne reste aucun oiseau car la détonation a fait fuir les deux autres. Mais j'aime bien ton raisonnement.

La classe entière reste muette d'admiration devant la découverte subite de la connaissance. Forte de sa victoire, Mme Guignolet lance un défi :

– Quelqu'un a-t-il un autre exemple à me donner ?

– Moi, m'dame, fait un grand jeune homme noir en se dépliant comme un mètre de charpentier.

– Je t'écoute mon grand.

– Y a trois gonzesses qui bouffent des Esquimau glacés. Y en a une qui mord dedans, l'autre elle le lèche et la troisième elle le suce. C'est laquelle la femme mariée ?

Dans la classe, on pouffe déjà. La prof de français tâche de dissimuler la rougeur qui envahit son visage sous les bleus qui y sont déjà.

– Eh bien, dit-elle, c'est sans doute celle qui suce l'Esquimau.

– Non, m'dame, c'est celle qui a une alliance. Mais j'aime bien votre raisonnement.

*

Le petit Nono sort de l'école en pleurant. Le flic vêtu d'un gilet de sauvetage fluorescent et préposé à la traversée des troupeaux de bambins essaie de le consoler.

– Eh ben, qu'est-ce qu'il a, ce petit bonhomme ?

– J'ai perdu mon compas, répond Nono en braillant de plus belle.

– Mais c'est pas grave, ta maman va t'en acheter un autre.

– Oui, mais mon papa va me flanquer une raclée !

Il hoquette, des flots de larmes dégringolent sur ses joues et son nez fait des bulles. Avec sa casquette sur la tête il ressemble à une casserole de soupe qui déborde.

– Ton papa peut pas te flanquer une raclée parce que tu as perdu ton compas, renchérit le flic.

– Ouais, ben vous auriez vu ce qu'il a mis à ma grande sœur la semaine dernière quand elle est rentrée en annonçant qu'elle avait plus ses règles.

*

C'est l'heure des visites chez le docteur Bougnazal. La salle d'attente est bondée. Le premier patient entre dans le cabinet de consultation.

– Ce n'est qu'une visite de routine, précise-t-il au médecin.

– Bien, déshabillez-vous.

L'homme défait ses vêtements. Le docteur Bougnazal l'ausculte, le palpe, lui écoute les glouglous dans les tubulures, lui écrase les rotules à coups de marteau pour vérifier les réflexes. Soudain, il se fige, l'œil rempli de perplexité.

– Ça par exemple ! dit-il, vous avez une roubignole en bois et une roubignole en fer.

– Oui !

– Et ça ne vous pose aucun problème ?

– Aucun, répond fièrement l'homme en se rhabillant, j'ai même des jumeaux qui ont quatorze ans maintenant.

– Ah ! il faudra que je les voie.

– Mais ils sont là !

L'homme aux roustons en bois et en fer ouvre la porte du cabinet et appelle :

– Pinocchio, Robocop, venez voir le docteur !

*

Bertuccio, un jeune berger corse qui a passé toute sa jeunesse dans les montagnes avec les brebis, rentre un jour à la ferme. On lui présente Giovana, la fille d'un riche commerçant de Bastia. Il en tombe amoureux. On les marie. Mais Giovana est vierge.

– Je compte sur toi, Bertuccio, pour m'apprendre les choses de l'amour, dit-elle à son époux.

– Ne t'inquiète pas ma chérie, fait le jeune marié, dans les pâturages on apprend la vie.

Les deux époux se dévêtent timidement et Bertuccio fait mettre Giovana à quatre pattes sur le lit. Il vient se placer debout derrière elle et ne bouge plus. La jeune fille s'impatiente.

– Eh bien, fait-elle, qu'est-ce que tu attends ?

– Ben, j'y arrive pas, répond le grand dadais.

– Tu veux que je fasse quelque chose pour t'aider ? demande Giovana.

– Oh ! oui, répond le jeune berger, tu peux faire « bêêêê » ?

*

Ce jour-là, le prof de maths ayant été envoyé à l'hôpital par un garçon à qui il avait oublié de dire « s'il te plaît » lors d'une interro orale, Mouloud rentre du lycée plus tôt. Il grimpe chez lui, au dix-neuvième étage du bâtiment G, zone K et entre en poussant la porte qui a été défoncée par le voisin, M. Choublem, qui n'aime pas la musique arabe. Ses parents se croyant tranquilles sont en train de faire friser leurs mises en plis intimes au même bigoudi. En découvrant la scène par inadvertance, Mouloud sent bouillir son sang d'adolescent fragile et sensible. Il pousse un cri de rage et sort de l'appartement en trombe. Son père, embarrassé, le poursuit pour lui expliquer, en enfilant maladroitement son pantalon. Mais le jeune homme monte à l'étage au-dessus. Il tambourine à la porte de sa grand-mère.

– Mémé, mémé, crie-t-il hors de lui.

La vieille ouvre la porte, inquiète.

– Qu'est-ce qu'il y a mon garçon ? dit-elle.

Sans répondre, Mouloud attrape sa grand-mère, la jette sur la moquette et la viole sans vergogne. Son père arrive et voyant la scène épouvantable, il arrache son fils à sa proie.

– Mouloud, arrête, crie-t-il, pourquoi tu fais ça ?

– Parce que celui qui nique ma mère, j'y nique sa mère !

*

Octave, le fils aîné de Matthieu et Sylvette, a bien grandi. Il est maintenant en âge de se marier. Mais il ne sait rien des choses de l'amour.

– Va falloir le déniaiser, dit son père à sa mère, il paraît qu'il y a un petit hôtel de passes à Lagranville. Je vas l'y emmener.

– Ah non ! proteste Sylvette, ça va se savoir et toute la honte sera pour nous.

C'est ainsi qu'on décide de faire venir à la ferme la grosse Glitta, une professionnelle du matelas spécialisée dans la plantation du poireau primeur. Matthieu la ramène dans sa bétaillère. Pendant le voyage il la met en garde :

– Je compte sur vous pour me l'entraîner, le gamin, dit-il, et tâchez de pas employer des mots vulgaires. Je veux qu'il garde sa poésie.

– Vous inquiétez pas, le rassure Glitta, je sais prendre des glands... pardon... des gants !

Arrivée à la ferme, la défonceuse de multispire se rend dans la chambre d'Octave où celui-ci l'attend tout nu. Elle se déshabille à son tour et s'allonge près de lui. Mais le benêt est si innocent qu'il ne sait que faire de ce corps doux et chaud qui se frotte à lui.

– Vas-y, dit Glitta pour l'encourager, mets-m'en un coup.

– Un coup de quoi ?

« Zut, se dit-elle, il faut que je soye pas vulgaire, que je dise les choses avec poésie. Je vais utiliser une image. »

– Je veux dire, reprend-elle, mets-m'en un coup avec... heu... avec le truc qui te sert à faire pipi.

– Le truc qui me sert à faire pipi ? Bon !

Octave attrape alors son pot de chambre et il assomme Glitta... Bong.

Bertrand Lomelais, le député, a un grand fils de dix-sept ans qu'il désire déniaiser. Il l'emmène donc chez Glitta qui travaille à Pigalle et lui présente son rejeton.

– J'ai l'intention de le marier avec la fille des laboratoires Collofon, dit-il à la prêtresse du calbute en folie, faites en sorte, chère Glitta, de lui inculquer quelques rudiments.

– OK, ça sera mille balles !

Lomelais étant retourné à ses affaires, Glitta fait déshabiller l'ado et s'allonge toute nue sur le lit. Le garçon, qui voit une femme pour la première fois de sa vie, reste là, le pantalon au bas des pieds, avec l'air aussi idiot qu'un œuf qui a trouvé un peigne.

– Allez, petit, vas-y, l'encourage-t-elle.

– Qu'est-ce qu'il faut que je fasse ?

– Il faut que tu mettes ton zizi dans ma foufounette.

– Faut que je mette mon zizi là-dedans, fait l'ado en désignant d'un doigt tremblant l'entrejambe frisé et délicatement taillé en cœur.

– Mais oui !

– Ah non ! madame, je veux pas !

– Ben, pourquoi que tu veux pas mettre ton zizi dans ma foufounette ?

– Ça va me mordre !

– Mais non, ça va pas te mordre, voyons. Approche-toi et regarde. Tu vois bien qu'y a pas de dents.

L'adolescent s'approche en hésitant et inspecte avec prudence l'endroit redouté.

– Ah non ! c'est vrai, y a pas de dents, dit-il avec un sourire satisfait, mais les gencives sont dans un état !

*

Un homme à la mise élégante et sportive se promène rue Pigalle. Il inspecte les filles et, curieusement, ne s'attarde que sur la couleur de leurs cheveux. Brusquement il s'arrête devant Glitta. Elle lui sourit, tortille du croupion, fait gigoter ses glandes mammaires made in silicone carne. L'homme hésite.

– Alors, dit-elle, tu te décides. Parce que si c'est que pour visiter, y a pas marqué le Louvre.

– Je paye, répond-il. Tu sais faire les pieds au mur ?

« Oh ! oh ! se dit Glitta, en voilà un qui veut du sensationnel. Il doit en connaître des trucs salaces. Ça va me changer du sautillage déshordonné des parkinsoniens de la braguette. »

– Oui, mon petit, dit-elle. Je peux te faire plein de trucs extra à condition que t'aboules l'oseille.

– Pas de problème ! C'est combien ?

Après avoir exigé une somme copieuse, Glitta emmène son client dans son atelier de reluisage. Elle retire les quelques frusques qui couvrent accessoirement ses atouts professionnels mais l'homme reste habillé.

– Mets-toi face au miroir, ordonne-t-il.

« Et voyeur avec ça », pense Glitta en imaginant déjà que l'individu va lui donner un ticket pour le nirvâna.

– Bon ! Fais le poirier !

Glitta s'exécute en gloussant. La voilà donc toute nue, les jambes en l'air, la tête en bas, face au miroir.

« Zut, se dit-elle, je vais même pas voir ce qu'il va me faire, j'ai les seins qui me tombent sur les yeux. »

Mais l'homme ne bronche toujours pas.

– Ouvre tes jambes, dit-il.

Glitta ouvre les jambes, au paroxysme de l'excitation.

L'homme s'avance alors, pose son menton au ras de la foufounette, se regarde un instant dans le miroir et dit enfin d'un air dépité :

– Ma femme a raison. La barbe ça me va pas du tout.

*

Glitta a pris des vacances. Elle s'est fait remplacer par Ulla, une grosse Allemande qui a des cuisses grosses comme des gigots de brontosaure. Bill le marin l'accoste[1].

– Bonjour, ma grande. Qu'est-ce que tu peux faire pour cinquante francs ?

– Moi ? Rien, nez de bœuf !

Mais Bill ne se décourage pas, et il fait bien, car en entrant au Joyeux-Spahi, petit boui-boui crasseux près des docks, il trouve une vieille radasse assise sur un tabouret de bar. On dirait un pékinois tondu habillé chez Barbie.

– Excuse-moi, hasarde-t-il, tu ferais pas une petite passe ?

– Mouais, laisse tomber le laideron.

– C'est combien ? demande Bill, plein d'espoir.

– Cinquante balles !

Le marin bondit de joie.

– C'est d'accord, où tu crèches ?

1. Comme on dit au tennis.

– Au-dessus, répond la radasse sans émotion.

Elle quitte son tabouret et entraîne Bill au premier étage de l'établissement.

Une fois dans la chambre elle apostrophe le marin.

– J'te préviens, j'ai quelques petites imperfections.

– C'est pas grave, dit Bill, pour cinquante balles je m'attends pas à Cindy Crawford.

– Bon ! Mais si jamais tu te marres, je te pisse dessus.

– D'accord, d'accord !

La mocheté commence à retirer son petit caraco en skaï blanc. Horreur, elle a trois seins en forme de gants de toilette avec des savonnettes au fond. Bill se mord les lèvres.

– Fais gaffe, rappelle la pute, si tu te marres, je te pisse dessus.

– J'ai rien dit, fait Bill en reprenant son sérieux.

La fille retire sa minijupe. Enfer, elle a quatre fesses. Bill explose de rire.

– Je t'avais prévenu, lance la fille.

Elle lève un bras de sous lequel sort un jet qui arrose le marin.

*

Glitta arpente le trottoir dans le brouillard. Elle ne voit pas un réverbère qu'elle percute violemment. Aussitôt elle se met à saigner du nez.

– Ah ! zut ! grogne-t-elle, quand c'est pas d'un côté, c'est de l'autre !

*

Bill le marin traîne dans les rues de Pigalle en compagnie de son second.

– Alors les petits gars, leur lance Glitta, un petit tour au dodo avant de partir en mer ?

– On part pas, on arrive. On vient de faire le tour du monde en quatre-vingts jours.

– Ah ! ben, dites donc, en quatre-vingts jours autour du monde vous avez dû en connaître des femmes !

– Pas une seule. On n'a pas fait d'escale.

– Mais alors comment vous avez fait pour faire l'amour ?

– Des fois en mer y a des phoques et quand y a pas de phoques y a mon second.

– J'aime mieux quand y a des phoques, marmonne le second.

– Et ça te dirait pas une femme à terre, capitaine ?

– Non, madame, je ne peux faire l'amour qu'en mer.

– Eh ben, je vais te la faire, la mer.

– Une hirondelle ne fait pas le printemps, je ne vois pas comment une morue pourrait faire la mer.

– On peut toujours essayer. Si c'est raté je te la fais gratuite. Allez, tope là !

– Ah ! Dans ce cas-là je tope la taupe.

Bill tape dans la main de Glitta qui l'emmène dans sa piaule tandis que le second fait le poireau. Au bout d'une demi-heure, voilà Bill de retour.

– Alors, capitaine, comment c'était ? demande le second.

– Étonnant, étonnant, répond le marin visiblement impressionné. Tout d'abord elle me fait allonger à poil. Puis elle sort une scie avec laquelle elle se met à scier deux des pieds du lit, ceux placés en diagonale. Donc le lit devient bancal. Alors je lui dis : « Qu'est-ce que tu fais ? » Elle me répond : « Je te fais la mer, c'est le tangage. »

– Ah ! astucieux. Et après !

– Ensuite elle sort une canette de bière du frigo, elle l'agite et elle l'ouvre au-dessus du lit. Alors voilà la bière qui gicle partout. Je lui dis : « Ça va pas, qu'est-ce que tu fais ? » Elle me répond : « Je te fais la mer, c'est les embruns. »

– Ah ! ah ! astucieux. Et après, après !

– Après, elle se met à allumer et à éteindre la lumière à toute vitesse. Clic, clac, clic, clac... Je lui dis : « Qu'est-ce que tu fais ? » Elle me dit : « Je te fais l'orage en mer. » Astucieux, non ?

– J'allais le dire. Et après, après !

– Après la voilà qui monte debout sur le lit et qui me balance une flatulence à décoiffer un gorille.

– Ça je sais, c'est la corne de brume !

– Non, c'est le tonnerre qu'elle me dit. Quand y a de l'orage en mer, y a du tonnerre.

– Bon et après, questionne le second impatient, vous avez forniqué, oui ou non ?

Bill secoue la tête.

– Qu'est-ce que tu veux faire par un temps pareil ?

*

Un meurtre vient d'être commis à l'hôtel où travaille la grosse Glitta. Elle est donc convoquée au tribunal pour témoigner. L'avocat général l'interroge.

– Avez-vous vu le meurtre ?

– Non, je l'ai pas vu, répond Glitta, car j'étais dans la chambre à côté en train de faire reluire un touriste bulgare. Mais j'ai parfaitement entendu les hurlements de la victime.

– Si vous n'avez rien vu, dit l'avocat avec un sourire méprisant, votre témoignage ne peut être retenu.

– Mais j'ai tout entendu que je vous dis, brame la prostituée rouge de colère.

– Ça ne compte pas, conclut le Président, retournez à votre place, madame Glitta.

La grosse, vexée, se lève et, tandis qu'elle remonte l'allée centrale pour rejoindre sa place, elle envoie une flatulence sonore qui fait tressaillir le tribunal. Le Président outré s'insurge.

– Madame Glitta, il est totalement déplacé de péter dans un tribunal.

– Moi, fait la grosse jouant mal l'innocence, j'ai pas pété !

– Inutile de nier, tout le monde a entendu.

– Entendu oui, mais pas vu !

*

Matthieu arrive à Paris pour le Salon de l'Agriculture. Afin de lui vendre un tracteur, le représentant d'une grande marque l'emmène visiter Pigalle.

– Ah ! c'est beau tous ces néons qui clignotent, dit le paysan émerveillé, mais qu'est-ce qu'elles font toutes ces bonnes femmes avec le cul à l'air ?

– Ce sont des prostituées !

– Non ! C'est pas possib' ! Des putes ?

– Eh oui ! cher monsieur Matthieu, et vous n'avez pas le droit de retourner chez vous sans avoir profité des charmes d'une de ces jolies filles. Laquelle choisissez-vous ?

Matthieu hésite, il se gratte le menton. Puis ayant avisé Glitta qui sort de l'hôtel où elle vient de soulager toutes les bourses d'un client il la désigne avec un rire d'enfant timide.

Le vendeur de tracteurs négocie le prix et Matthieu monte avec Glitta. Arrivé dans la chambre, il s'aperçoit que la grosse prostituée n'a pas de sourcils.

– Qu'est-ce qui est arrivé à vos sourcils ? s'enquiert-il.

– Épilés, répond laconiquement Glitta en commençant à s'effeuiller.

Matthieu, qui est habitué à voir deux touffes de poils, genre balayettes en crin, sous les bras de sa femme Sylvette, voit que les aisselles de Glitta en sont totalement dépourvues.

– Et vos poils sous les bras, ils sont épilés, demande-t-il.

– Non rasés, corrige Glitta.

Mais lorsqu'elle retire son slip, quelle n'est pas la surprise de Matthieu de constater qu'elle n'a pas un poil sur le sexe.

– Épilés ou rasés, questionne Matthieu.

– Ni épilés, ni rasés, répond Glitta, usés !

*

Glitta a fait un régime. Elle a perdu trente kilos. Hélas ! le résultat n'est pas celui escompté. Au lieu de devenir une belle femme un peu mûre, Glitta n'est plus qu'une vieille peau bien blette. Elle est laide à filer une jaunisse à Freddy et tellement maigre. Elle aurait une bronchite, on lui ferait une radio avec une lampe de poche. D'ailleurs les conséquences ont été immédiates sur son chiffre d'affaires qui est descendu au-dessous de zéro.

– Va falloir que je me remette à la choucroute et aux rillettes, philosophe-t-elle.

Au même instant, une grosse Rolls Royce ivoire se gare avec style pour épater la galerie [2]. Jean-Cyril Du Glaisys-Varchemeleux, riche industriel, en sort. Comme s'il était en visite dans l'une de ses usines, il passe en revue les techniciennes du piston à moustaches. Le voilà qui s'arrête enfin devant Glitta.

– Chère madame, lui dit-il très civilement, voulez-vous avoir la gentillesse de m'accompagner jusqu'à ma voiture.

Voyant la Rolls, la vilaine pute entrevoit la bonne affaire. Elle accepte avec joie sous les regards envieux de ses collègues. Jean-Cyril la fait monter à l'arrière, la Rolls démarre et amène ses passagers devant les marches d'un somptueux hôtel particulier à Neuilly. Un valet de chambre conduit la polisseuse de gonades dans un salon lambrissé où brûle un feu de bois dans une somptueuse cheminée.

2. Car pour l'épate l'ivoire est garée. (Pour les amateurs d'à-peu-près.)

– Déshabillez-vous entièrement, susurre le domestique, Monsieur ne va pas tarder.

Puis il s'éclipse. La maigrichonne se défrusque et attend toute nue une bonne demi-heure, assise dans un canapé Marie-Antoinette. La porte s'ouvre enfin. Du Glaisys-Varchemeleux entre, accompagné d'une petite fille de cinq ans au visage buté qui boude, la lippe en avant.

– Tu vois, Charlotte, lui dit son père d'un ton sévère, regarde bien la dame comme elle est laide et maigre. Eh bien, si tu ne manges pas ta soupe, tu deviendras comme elle.

En entrant au Saint-James Club, Jean-Cyril Du Glaisys-Varchemeleux aperçoit son ami Guy-Daniel De Toisonfolle assis à une table dans la bibliothèque, les yeux perdus dans *The Financial Times*. Il ne porte pas sur le visage la gaieté qu'il a coutume d'afficher à la lecture des résultats de la bourse de Tokyo, et qu'il accompagne volontiers d'un rire de yen.

– Que t'arrive-t-il, mon pauvre Guy-Da ? demande Jean-Cyril. Tu as l'air catastrophé.

– Ce qui m'arrive est épouvantable, explique De Toisonfolle, il y a trois semaines, j'apprends la mort de mon oncle Barnabé. Il me lègue un château en Sologne. Cent hectares de terres et sa société de chasse.

– C'est plutôt bien !

– Attends ! Il y a deux semaines, c'est ma tante Hilda qui décède. Elle me lègue sa bijouterie à Genève et un yacht de trente-sept mètres à Monaco avec équipage et tout.

– C'est génial !

– La semaine dernière, mon cousin Alphonse passe l'arme à gauche. Il me lègue son usine métallurgique de Düsseldorf qui traite aussi le platine et l'argent.

– C'est hyper-giga !
– Et puis cette semaine... rien !

*

Comme tous les dimanches, les Du Glaisys-Varchemeleux vont à la messe à l'église Saint-Kantebrik. Tandis que la chorale du collège Joséphine-Boursemolle chante la Digue du Culte, ils rencontrent, à la sortie de la messe, le père Gola, un jeune ecclésiastique professeur de gymnastique rythmique au collège susnommé. Le pauvre arbore deux yeux au beurre noir.

– Comment cela vous est-il arrivé, mon père, demande Josépha, l'épouse de Jean-Cyril.

– C'est arrivé pendant l'office, répond-il penaud, quand on s'est levé pour chanter le Gloria, je me suis rendu compte que la jeune femme qui se trouvait devant moi avait sa robe coincée dans sa culotte. Vous comprenez ma gêne.

– Nous comprenons, font les Du Glaisys-Varchemeleux.

– Alors, afin de faire disparaître de ma vue ce spectacle tentateur, j'ai retiré la robe du slip. La jeune femme s'est méprise, elle s'est retournée et m'a flanqué son poing dans l'œil droit.

– Oh ! mon Dieu, s'exclame Josépha.

– Et l'œil gauche ? questionne Jean-Cyril.

– Ça, c'est quand j'ai voulu remettre la robe dans le slip.

*

Alexandre-Xavier Broutard de la Crépière Glamiche, le père de Josépha Du Glaisys-Varchemeleux, est un homme de soixante-dix-huit ans. Il est veuf mais il a épousé en secondes noces Aglaé, une jeune femme de vingt-deux ans. Comme elle est danseuse, ce grand écart ne la gêne pas.

Un soir, alors qu'ils rentrent d'un concert, le vieux dit à sa jeune épouse :

– J'ai une question délicate à te poser, ma chérie. Si je meurs, envisages-tu de te remarier ?

– Quelle horreur, proteste-t-elle, comment peux-tu penser à une chose pareille ?

– Il vaut mieux y penser avant que ça arrive. Garderas-tu l'hôtel particulier ?

– Bien sûr, mais pourquoi parler de ça maintenant ?

– Et la maison à Saint-Barth ? continue-t-il.

– Je la garderai, rassure-toi.

– Et, la grosse Mercedes ?

– La grosse Mercedes, non, répond-elle catégorique, il déteste les automatiques.

*

Joséphа Du Glaisys-Varchemeleux s'est amusée à faire du shopping dans Paris avec son amie Agathe Merchemeleau-Jinglard. Elle a même poussé l'audace jusqu'à conduire elle-même la petite voiture japonaise que lui a achetée son époux. Arrêtée à un feu rouge, elle bavarde avec Agathe. Un malheureux sans-domicile s'approche de la voiture dont la vitre est ouverte.

– Excusez-moi, mesdames, dit-il en tendant la main, j'ai pas mangé depuis quatre jours.

– Eh bien, il faut vous forcer, mon ami.

*

Cet après-midi-là, Nicolas, le fils des Du Glaisys-Varchemeleux, est rentré de l'école plus tôt que d'habitude. Il trouve sa mère en peignoir, l'air aussi embarrassée qu'un chat qui a fait à côté de sa caisse.

– Eh bien, qu'est-ce que tu fais là ? demande-t-elle au gamin. C'est déjà fini, l'école ?

– Ouais, y a réunion des professeurs, explique-t-il, ils nous ont dit de rentrer chez nous.

– Ce n'est pas grave, dit Josépha, tu vas aller regarder un peu la télévision.

– Non, je veux rester avec toi.

– Heu... Ça, ce n'est pas possible...

À cet instant, on frappe discrètement à la porte de la chambre maternelle. Josépha blêmit.

– Qui c'est qui frappe ? demande Nicolas.

Sans répondre, Josépha entraîne son fils vers un placard dont elle ouvre la porte coulissante.

– Il faut que tu entres là-dedans !

– Non, je veux jouer avec toi !

– Écoute, Nicolas, j'ai un rendez-vous très important, je ne veux pas être dérangée.

D'une main autoritaire, la marâtre pousse son rejeton dans le placard et en referme la porte. Mais le petit Nicolas, qui a flairé l'embrouille aussi rapidement qu'un moustique repère un camping au mois d'août, se met à tambouriner et à brailler.

– J'ai peur dans le noir ! Maman ! Je veux mon nounours !

La mère rouvre la porte du placard et flanque un vieil ours en peluche dans les mains de son fils. Nicolas entend alors la porte de la chambre s'ouvrir et une voix d'homme résonner.

– Rhâââ! Josépha, ce que t'es mignonne. Mmmmh !

– Chut, chut, pas si fort, cher ami... Hi ! hi ! hi !

Excité, l'homme souffle comme un gonfleur de canot pneumatique.

– Oh ! la salope, murmure Nicolas.

À ce moment, la voix de son père se fait entendre au rez-de-chaussée.

– Joséphа, ma chérie, où es-tu ?

– Mon mari, s'exclame la susdite qui avait déjà commencé à tutoyer le minaret de son visiteur, vite, cachez-vous !

La porte du placard s'ouvre et Nicolas voit entrer un homme dont il ne distingue que la silhouette. L'individu renfile son pantalon en silence tandis que son père entre dans la chambre.

– J'avais oublié mon portefeuille... Tiens tu es toute nue à cette heure-ci, s'étonne Jean-Cyril.

– Oui, je fais un peu de gymnastique, dit Joséphа.

– Si elle est comme Pinocchio, murmure Nicolas, elle doit avoir le nez si long que les moineaux vont pouvoir faire de la barre fixe.

– Tais-toi, dit l'homme dans un souffle.

– T'as pas peur dans le noir, toi ? lui demande le gamin.

– Non, répond l'autre agacé.

– Moi, j'ai pas peur, j'ai mon nounours... Si tu veux je te vends mon nounours.

– Non, fiche-moi la paix !

– Achète-moi mon nounours sinon je crie, menace le maître chanteur en herbe qui entend le ton monter entre sa mère et son père.

– Non, tais-toi, petit saligaud, dit l'amant terrorisé. C'est d'accord ! Je t'achète ton nounours ! C'est combien ?

– Deux cents francs !

L'homme fouille à la hâte dans ses poches. Coup de chance, il trouve un billet qu'il donne au gamin. Là-dessus, il entend la porte de la chambre claquer et voit celle du placard s'ouvrir. Le mari est parti, Joséphа fait sortir son amant qui, la peur au ventre, fuit sans demander son reste comme un pet sur une toile cirée. Puis elle délivre Nicolas.

– Il a pas pris mon nounours, dit-il, troublé.

Et l'enfant va se réfugier dans sa chambre. « Il a pas pris mon nounours et moi j'ai pris ses sous, songe-t-il, c'est pas bien ce que j'ai fait... Si je veux avoir la Barbie gonflable que j'ai commandée au père Noël, j'ai intérêt à aller me confesser. »

Imprégné de cette sage résolution, Nicolas se rend le lendemain à l'église Saint-Kantebrik. Il entre dans le confessionnal et s'agenouille. Il fait noir. Il n'aime pas ça. Dieu merci, il a apporté son nounours dont la peluche usée et mâchouillée le rassure.

Soudain la trappe de communication s'ouvre avec un bruit de guillotine.

– Bonjour, mon fils, fait le curé, récitez votre acte de contrition.

– Dis donc, lui dit Nicolas, tu dois avoir peur dans le noir. Moi j'ai pas peur, j'ai mon nounours... Si tu veux je te vends mon nounours. C'est deux cents francs.

– Ah ! non, hurle alors le curé, ça va pas recommencer !

*

Le personnel du restaurant trois étoiles dans lequel viennent d'entrer Alexandre-Xavier Broutard de la Crépière Glamiche et Aglaé, son épouse, est tout émoustillé. Les formes sculpturales de cette dernière sont tellement moulées par sa robe noire que les serveurs aimeraient la regarder en braille. Un maître d'hôtel cérémonieux installe le couple à une table ronde et, les menus ayant été distribués et parcourus d'un œil gourmand, il s'apprête à prendre la commande.

– Je voudrais un saumon fumé au caviar et une aiguillette de poulet de Bresse à la crème de safran, minaude la pulpeuse.

Tandis que le maître d'hôtel note, Aglaé remarque que le sommelier, à qui son mari est en train de commander le vin, porte dans la pochette de son habit, une petite cuiller en argent.

– Tu as vu, mon chéri, cette petite cuiller, dit-elle au vieux gâteux.

– Oui !

– À quoi sert-elle ?

Comme le sommelier revient, l'œil en capote de fiacre, une bouteille de château-cheval-blanc 88 à la main, le vieux chevrote :

– Mon épouse a remarqué la petite cuiller qui dépasse de votre pochette. À quoi sert-elle ?

– C'est très simple, monsieur, explique le prince caviste en débouchant la bouteille, c'est par mesure d'hygiène. Voyez-vous, lorsque je sers le vin comme je suis en train de le faire actuellement, il se peut qu'un petit morceau de bouchon tombe dans votre verre.

– Ah ! ben, oui, justement y en a un, remarque le vieux.

– Eh bien, continue le sommelier, je sors la petite cuiller et j'enlève le petit morceau de bouchon comme ceci. Hop !

Ce disant il effectue la manœuvre avec un doigté d'une précision à rendre jaloux un castreur de fourmi japonais. Puis il remet la cuiller à sa place, s'incline et se retire.

Cependant, au cours du repas, la jeune femme semble soucieuse.

– Chéri, dit-elle au bout d'un moment à son vieux compagnon, n'as-tu pas remarqué la petite ficelle blanche qui sort de la braguette du sommelier. À quoi sert-elle ?

Alexandre-Xavier fait signe au sommelier qui revient avec empressement.

– Ma femme voudrait savoir à quoi sert la petite ficelle qui sort de votre braguette.

– C'est très simple, madame, répond l'homme, c'est par mesure d'hygiène. Lorsque, par extraordinaire, il me vient, au cours du service une envie pressante, je vais aux toilettes, j'ouvre ma braguette et à l'aide de la ficelle qui y est attachée, j'extirpe ma zibounette de son logement.

– Aaah ! fait Aglaé satisfaite. Mais comment la remettez-vous dans votre culotte ?

– Avec la petite cuiller, tout simplement !

*

Contrarié, Jean-Cyril Du Glaisys-Varchemeleux est en train de faire ses comptes. Il apostrophe Josépha qui, assise dans un grand fauteuil, est plongée dans la lecture instructive d'un article avec photos compromettantes sur la trahison du mari de la princesse Glutine de Béarn avec une pute belge au bord d'une piscine.

– Ma chérie, il va falloir arrêter toutes tes dépenses exorbitantes, tes robes haute couture, tes bijoux de chez Clapier. Nous allons également congédier Déolinda, la femme de chambre qui nous coûte une URSSAF démesurée.

– Mon cher Jean-Cyril, répond Josépha sans quitter son journal des yeux, je veux bien mettre des bijoux fantaisie, j'accepte à la rigueur de m'habiller chez Tati et de faire la vaisselle moi-même mais de votre côté, il serait souhaitable que vous appreniez à baiser, ce qui nous permettrait également de nous passer du jardinier.

*

– Maman, Maman, brame Nicolas en dégringolant l'escalier, y a papy qui s'est pendu dans le grenier !

– Oh ! mon Dieu, crie Josépha en devenant glauque comme une fine de claire à la pistache.

– C'est pas possible, se lamente Jean-Cyril qui jaillit de son fauteuil.

Il monte quatre à quatre les escaliers et ouvre la porte du grenier à toute volée. Soulagement, il n'y a aucun pendu. Il redescend et ayant rassuré sa femme il admoneste le petit plaisantin.

– Tu nous as fait peur, petit crétin...

– Poisson d'avril, coupe Nicolas, c'est pas dans le grenier, c'est dans la cave !

L'abbé Tabondieu, curé de Saint-Fémoi-les-Burnettes, vient de finir ses confessions. L'église est vide. Seule une grenouille de bénitier chantonne dans un coin « Oui je croâ » en allumant un cierge. Mais sa voix fait un arrêt net [1]. Une jeune fille à l'allure plus que provocante vient d'entrer dans l'église. Elle porte une minijupe de chez Nina Rikiki, une chemise juste nouée sur des seins animés de Sex Avery, des chaussures compensées de chez Jean-Paul Gros Pieds et des yeux à transformer un slip Éminence en Cocotte-minute. La grenouille de bénitier, épouvantée, s'enfuit à toutes jambes.

La jeune fille s'approche du pauvre curé en transes.

– Mon père, j'ai fait des grosses bêtises, murmure-t-elle dans un râle, confessez-moi.

– Bien sûr, bégaie l'abbé Tabondieu, entrez dans le confessionnal.

Elle obéit et s'agenouille tandis que le prêtre se prépare à l'entendre.

– Je vous écoute, ma fille.

1. C'est l'arrêt net de la grenouille, elle est bonne !

– Ben, voilà, ce matin, j'ai un peu allumé le grand Jacky, le fils de la ferme des Boneliers. On s'est culbutés dans la paille. Il s'est mis à me mordiller les tétons. Alors moi ça m'a excitée...

En entendant le récit érotique de la gourgandine, le curé commence à transpirer. Sous sa soutane, c'est le Vésuve et si ça continue, ses chaussettes vont s'appeler Pompei. Mais il tient bon jusqu'à la fin. La jeune fille sort du confessionnal et va réciter les prières qui constituent la pénitence symbolique que lui a infligée l'abbé. Ce dernier sort enfin du confessionnal et la voit recueillie, offrant son décolleté torride aux regards du prêtre. C'est l'enfer. Il ferme les yeux et se met à trembler. Il ne pourra pas résister encore bien longtemps à la tentation. Alors dans un dernier soubresaut, il se tourne vers le grand crucifix qui porte le Christ.

– Seigneur, aidez-moi, que dois-je faire ?

Jésus, qui a les yeux fixés sur la fille, rugit alors :

– Détache-moi, détache-moi !

*

La mère supérieure du couvent de Saint-Fémoi-les-Burnettes est contrariée. Elle fonce vers le potager où travaille Célestin le jardinier.

– Célestin, la coupe est pleine, grogne-t-elle en faisant bouger sa cornette au rythme de ses pas comme les ailes d'une grosse mouette furieuse !

– Qu'est-ce que j'ai encore fait ? demande le jardinier inquiet.

– Sœur Pélagie, notre intendante, me signale que nous n'aurons pas d'asperges cette année. Comment se fait-ce ?

– Ben, c'est-à-dire, ma mère, balbutie l'autre, j'ai bien essayé d'en planter mais comme il a fait bien sec ces temps-ci, y a pas plus d'asperge dans notre potager que de poils au minou d'une novice.

– Surveillez votre langage, Célestin, s'insurge la mère supérieure. Je vous rappelle que l'évêque vient déjeuner demain et que si d'ici là vous n'avez pas réussi à faire pousser une seule asperge nous serons obligées de nous passer de votre binette.

Là-dessus elle tourne les talons et dans un tourbillon de poussière et de feuilles mortes virevoltantes, elle quitte le potager avec une telle violence que les doryphores en lâchent leurs patates.

– Faire pousser des asperges d'ici demain, marmonne Célestin angoissé, elle en a de bonnes, la sœur.

Mais le diable, qui aime rôder parfois du côté des couvents, fait jaillir dans l'esprit de Célestin, une idée sulfureuse. Il se rend à la ferme de son cousin Matthieu qu'il met au courant de ses ennuis.

– Je vois pas comment tu peux t'en sortir, dit Matthieu en se grattant la tête.

– Y a qu'une solution, lui fait Célestin. Faut que tu viennes faire l'asperge.

– Comment ça « faire l'asperge » ?

– V'là mon idée. Je creuse un trou dans le potager et tu t'y allonges sur le dos. Je te donne un bout de tuyau pour respirer et je remets la terre sur toi en prenant garde à laisser seulement dépasser le bout de ta zibounette. Je montre ça aux sœurs, elles croient que c'est une asperge, elles sont contentes et moi je garde mon emploi.

– Pas bête, fait Matthieu que la supercherie semble amuser follement.

Et le lendemain dans le potager le jardinier et son cousin mettent en place la diabolique mascarade.

– Ma mère, ma mère, venez voir ! J'ai réussi à faire pousser des asperges, crie Célestin tout excité.

Les nonnes accourent de tous côtés.

– Oh ! j'en vois une grosse là, s'exclame sœur Jacqueline.

– Quelle belle asperge, font les autres.

– Essayez de la cueillir, dit la mère supérieure.

Les sœurs retroussent leurs manches et se cramponnent en grappe au légume récalcitrant.

– Ho hisse, ho hisse, lancent-elles joyeusement.

À quelques pas des nonnes qui s'affairent comme une mêlée de rugby, le jardinier réprime difficilement une monstrueuse envie de rire.

– Oh ! ma mère, ma mère, lance soudain une jeune novice, on n'a pas réussi à la cueillir, mais à force de tirer dessus, c'est la béchamel qui est venue.

*

Monseigneur Lapince, évêque de Lagranville est scandalisé. Il vient de découvrir sur les panneaux publicitaires de sa ville une affiche d'un mauvais goût à faire pâlir un présentateur de reality show. En effet, un fabricant de clous du nom de Prosper a voulu faire de la publicité. Il s'est donc adressé à une agence afin de concevoir l'affiche en question. On y voit Jésus sur la croix avec ce slogan :

« Si Jésus tient en l'air c'est grâce aux clous Prosper. »

– C'est un sacrilège, hurle l'évêque au téléphone à l'adresse du publicitaire, changez cette publicité ou il vous en coûtera cher.

Voyant que l'évêque lui cherche des crosses, le publicitaire se remet au travail et, la semaine suivante, on peut voir sur les panneaux une affiche radicalement différente puisqu'elle représente Jésus tombé de sa croix avec ce slogan :

« Si Jésus avait connu les clous Prosper, il ne serait pas tombé par terre. »

*

Après la guerre, à Chavignal-Glaiseux, Gustave, le père de Matthieu, avait un vélo qui lui avait servi bien des fois pour passer la ligne de démarcation. Ce vélo, il avait l'habitude de le laisser près de la porte d'entrée de la ferme. Non loin de là vivait la vieille Marguerite, une femme de quatre-vingt-dix-huit ans qui ne tenait plus qu'à un fil.

Une nuit, un rôdeur vole le vélo de Gustave. Coïncidence, au même moment la vieille Marguerite meurt. L'abbé Tabondieu apprenant ça, met sa plus belle soutane et se rend chez la défunte pour présenter ses condoléances à la famille. Mais connaissant mal cette partie reculée de sa paroisse, il se trompe de maison et entre chez Gustave qu'il trouve désolé à cause du vol de son vélo.

– Mon pauvre ami, lui dit le curé croyant se trouver devant le fils de Marguerite, on n'y peut rien, c'était la volonté de Dieu.

– Oh ! c'est pas bien grave, répond Gustave, c'était qu'une vieillerie. Mais les enfants avaient bien commencé à apprendre en montant dessus. Ça lui écrasait les boyaux et l'air sortait par-devant et par-derrière.

*

Ce matin-là, l'abbé Tabondieu se promène en forêt, plongé dans son bréviaire. Soudain, au bord d'une petite allée, il aperçoit la jeune fille qui est venue se confesser quelques jours auparavant. Elle est en train de jouer à la bête à deux dos avec le fils du charcutier. Offusqué, le curé détourne les yeux et continue sa promenade. Mais un peu plus loin, derrière une haie, il voit deux femmes enlacées en plein festival de caresses.

Outré, il décide de rentrer au village mais, passant devant un bosquet, il surprend deux hommes nus qui s'embrassent à bouche-que-veux-tu.

L'abbé Tabondieu claque son bréviaire et se dirige vivement vers le presbytère. Ne trouvant pas sa clef, il sonne, attend, sonne encore. Enfin Gédéon, le bedeau, tout rouge et essoufflé, vient lui ouvrir la porte.

– Ah ! mon pauvre Gédéon, si vous saviez ce que je viens de voir, brame le curé. Comment vous dire ? J'ai vu « elle et lui » puis, « elle et elle » et enfin « lui et lui ».

Alors, le bedeau, baissant les yeux et cachant derrière son dos le dernier numéro de *Play-boy*, lui répond d'une voix étranglée :

– Je dois avouer, monsieur le curé, que si vous étiez rentré sans sonner, vous auriez vu « moi et moi ».

*

Saint-Pierre est assis sur un nuage à l'entrée du paradis, l'air triste.

– Je vais vous dire une bonne chose, j'ai pas beaucoup de clients aujourd'hui. Ils vont tous chez Belzébuth.

Arrive un pauvre mec avec un air tout triste.

– Ben, vous en faites une tête ?

– Si vous saviez ce qui m'est arrivé. Depuis ce matin, rien que des emmerdes. Mon réveil sonne pas. J'arrive en retard au bureau. Le patron m'engueule. Je rate un rendez-vous avec un gros client. Je rentre à la maison, je mets trois quarts d'heure pour me garer. Je trouve quand même une place devant ma porte mais quand je monte chez moi au huitième sans ascenseur, je trouve un bordel pas croyable. Ma femme en robe de chambre, la vaisselle pas faite, rien à bouffer dans le frigo. Mais je m'énerve pas. Je vais directement me coucher. Le lit pas fait, un bordel. J'ouvre la fenêtre pour fermer les volets. Qu'est-ce que je vois en bas, un type en train d'essayer de cambrioler ma bagnole. Alors là saint Pierre, je craque. J'attrape un coup de sang, je soulève l'armoire et je la balance par la fenêtre sur la tronche du voleur. Mais sous l'effort mon cœur joue l'aorte sauvage et me voilà dans l'autre monde.

– Oh ! mon pauvre monsieur, vous avez eu tellement d'ennuis, je n'ai pas le cœur de vous faire passer par le purgatoire. Entrez au paradis.

Et le pauvre gars tout heureux passe les grandes portes dorées. Saint Pierre se rassoit sur son nuage. Mais voilà un deuxième gars qui s'approche, un trousseau de clés à la main, la tronche dans un état lamentable, les vêtements en morceaux.

– Eh ben ! Qu'est-ce qui vous est arrivé ?

– Ah ! bon saint Pierre. En sortant du bureau, j'essaie d'entrer dans ma voiture. Je mets la clé dans la serrure, impossible d'ouvrir. Je regarde dans la voiture. C'est pas la mienne. Ma voiture, elle est garée vingt mètres plus loin. Le temps de m'en apercevoir, paf, je prends une armoire sur la tête.

– Ah ! c'est pas de chance. Entrez donc au paradis.

Là-dessus arrive un mec tout nu avec ses vêtements sur le bras.

– Qu'est-ce que vous faites au ciel dans cette tenue ?

– Je sais pas, j'étais dans une armoire !

*

Moshe Zilberstein est rabbin à la synagogue de Lagranville à laquelle il se rend à pied tous les jours car il habite de l'autre côté du golf de Saint-Jonc-la-Bretelle. Or ce samedi-là, il est très en retard. Pour essayer d'arriver à l'heure sur le lieu de prière, il décide de couper court en traversant le parcours de golf. Le paysage est splendide et à cette heure-ci, il n'y a pas un seul joueur.

Alors qu'il passe à proximité du départ du trou numéro quatre, Moshe aperçoit un club de golf abandonné dans l'herbe et une balle blanche posée sur son tee, prête à être frappée.

Là-haut, tout là-haut dans le ciel, saint Pierre et Dieu regardent la scène.

– Tu paries qu'il s'arrête et qu'il joue, dit saint Pierre.

– Il ne peut pas, répond Dieu, tu sais bien que dans cette religion, le samedi est sacré et qu'il commettrait un grand péché s'il se laissait tenter par le jeu.

– Je sais, je suis un ancien juif !

Mais Moshe a beau être rabbin, il n'en est pas moins homme et, qui plus est, amateur de golf averti. À la vue de ce club brillant dans l'herbe pleine de rosée légère et de cette balle luisante, prête à être frappée, il défaille. C'est comme si Claudia Schiffer montrait ses fesses à un marin après six mois de mer. Il s'approche tout doucement de la balle et regarde autour de lui.

« Il n'y a personne, se dit-il, qui saura que j'ai cédé à la tentation ? »

Il se baisse, attrape le club. Il se met en position. Le parcours n'est pas simple. Il fait un coude à gauche. On voit, tout là-bas, à travers les sapins, le trou au milieu du green d'un vert moelleux où flotte un joli drapeau jaune. Moshe respire un grand coup, évalue la vitesse du vent et sa direction. Puis il frappe la balle qui siffle dans l'air matinal. Elle décrit une trajectoire splendide. Miracle, elle ricoche sur un tronc d'arbre en direction du green sur lequel elle rebondit deux fois, roule tout droit et enfin tombe dans le trou. Moshe n'en revient pas.

– J'ai fait un « hole in one », hurle-t-il, j'ai fait un « hole in one » !

Là-haut, saint Pierre ne décolère pas.

– Seigneur, dit-il, j'ai beau être catholique maintenant, je trouve scandaleux que ce juif, qui de surcroît est rabbin, cède à la tentation et qu'en plus il soit récompensé en réussissant un tel coup.

– Moi je trouve, au contraire, qu'il est bien puni.

– En quoi est-il puni ? Même le plus grand champion de golf n'aurait pas rêvé de faire un coup pareil.

– C'est vrai, dit Dieu avec un sourire, mais à qui veux-tu qu'il le raconte ?

*

Monseigneur Lapince arrive au paradis. Mais à sa grande surprise, saint Pierre l'arrête.

– Une seconde, monsieur l'évêque, on n'entre pas ici comme dans un moulin. Il faut que je relise votre curriculum vitae sur mon grand livre.

– Si vous voulez, soupire l'évêque, vexé d'être ainsi soumis à une suspicion tatillonne de rond-de-cuir paradisiaque.

Au même instant, alors que saint Pierre est en train de passer en revue la vie de l'évêque, un type, portant une casquette de chauffeur de bus et titubant copieusement, se présente à la porte du paradis. On devine à sa jolie teinte de quetsche qu'il a fait plus souvent le plein chez Kiravi que chez Vittel. Saint Pierre lui adresse un grand sourire et lui fait signe de passer.

– Non, mais dites donc, fulmine l'évêque, c'est le chauffeur du bus Lagranville-Chavignal.

– Oui et alors !

– Je ne comprends pas pourquoi vous ne me laissez pas entrer aussi facilement que lui, moi qui ai passé toute ma vie au service de Dieu, à louer sa grandeur, à prêcher sa foi. Alors que lui, je le connais, c'est un ivrogne invétéré.

– C'est vrai, mais lui a rassemblé toute sa vie des fidèles à la foi bien plus fervente, répond saint Pierre.

– Ah ! ça, c'est un peu fort, tempête l'ensoutané, et moi alors, j'en ai pas rassemblé, des fidèles ?

– Si, mais vos sermons les ont toujours endormis alors que dans son bus à lui les passagers récitaient des prières à chaque virage.

Chavignal-Glaiseux est en fête car Guy-Daniel De Toisonfolle vient d'ouvrir un golf de dix-huit trous sur le territoire de la commune. Pour l'inauguration, il a invité les autochtones à s'initier à ce sport merveilleux qui consiste à frapper une sphère de quatre centimètres de diamètre en évitant de toucher la sphère de douze mille sept cent cinquante-sept kilomètres de diamètre sur laquelle elle est posée. Matthieu s'inscrit aussitôt à une première leçon et part avec un moniteur.

Après deux heures, Matthieu, épuisé, retrouve Sylvette au buffet en compagnie du maire de Chavignal et du champion de golf régional.

– Alors, cher ami, dit ce dernier, ça vous a plu ?

– Ah ! ouais, ouais, fait Matthieu enthousiaste.

– Vous avez fait combien ?

– Combien de quoi ?

– Combien de coups avez-vous joués ?

– J'ai fait soixante-quinze ! fait Matthieu très fier.

– Soixante-quinze sur un dix-huit trous, c'est fort pour un débutant, s'étonne le champion, persévérez mon vieux, vous êtes doué.

– Vous en faites pas, je vais persévérer, dit Matthieu, demain j'attaque le deuxième trou.

*

José est champion cycliste. Un soir, il rentre chez lui en proie à une épouvantable crise d'hémorroïdes.

– Je ne serai jamais guéri pour le Tour, gémit-il.

– Ne te décourage pas, dit Suzette, sa femme, avec une bonne pommade et un régime sans sel, dans quinze jours tu seras sur pied.

– Oui, mais le Tour c'est dans une semaine, fais quelque chose, chérie, je t'en supplie.

Heureusement, l'épouse attentive à la santé de son sportif de mari, n'est jamais à court d'idées.

– Je viens d'acheter le livre de Rika Zaraï, dit-elle, il contient des tas de bonnes recettes à base de plantes et d'épices.

– Comment tu sais qu'elles sont bonnes ?

– Elle est consultante écologique au Vatican car elle aime le pape, Rika !

Suzette feuillette l'œuvre zaraïenne et s'arrête sur une recette.

– Voilà ! Pour soigner les hémorroïdes, il faut faire une application en masse de marc de café bien chaud. Je vais te préparer ça. Baisse ta culotte, j'arrive.

Elle va dans la cuisine et prépare tout un seau de marc de café qu'elle apporte au salon. José est en position. Blotties au fond de leur tranchée, les hémorroïdes n'ont qu'à bien se tenir.

– Attention, mon chéri, dit Suzette en enfilant ses gants de vaisselle roses, au début, ça va te faire un peu chaud mais après, ça va te calmer.

Cela dit, elle prend une belle poignée de marc de café brûlant et l'applique sur les hémorroïdes de son époux qui se met à hurler si fort que quelques personnes croyant à une alerte, descendent à la cave.

– Oh ! la vache, pleurniche-t-il, je déguste... c'est de l'arabica ?

Le traitement doit faire effet car la douleur commence à disparaître. José va se coucher et s'endort en rêvant à la course Milan sans hémos.

Le lendemain, soucieux de consulter un homme de l'art, notre héros se rend chez le docteur Bougnazal. Il fait bien car, arrivé devant la porte du cabinet médical, les hémorroïdes lancent une contre-offensive restée dans les annales malgré la présence du marc de café dont l'effet ne se fait plus sentir.

– Je vous prends tout de suite en consultation, dit le docteur, asseyez-vous.

– Ça, je ne peux pas, dit le cycliste, j'ai une crise d'hémorroïdes à hurler.

Le docteur Bougnazal fait allonger son patient, fesses à l'air, sur la table d'auscultation et, comme on dit chez Speedy, lui dégage le pot en écartant les pneus. Il tombe sur le marc de café qu'il observe attentivement sans bouger. Au bout d'un moment, le patient, gêné, s'inquiète.

– Docteur !

Pas de réponse.

– Docteur ! Vous voyez quelque chose ?... Dites-moi ce que vous voyez !

– Je vois, dit le médecin, je vois une rencontre, un voyage et une rentrée d'argent.

*

En vue de participer au cross du *Figaro*, Lucien a entrepris de s'entraîner le soir après le travail. Une fois sa tenue de jogging enfilée, il se rend au bois de Boulogne et s'élance sous les frondaisons. À peine a-t-il fait deux cents mètres qu'il est accosté par une grande rouquine tapageuse dont la voix grave trahit une académie équipée d'accessoires de billard.

– Bonjour, joli blondinet, arrête-toi cinq minutes on va causer !

Lucien fait semblant de ne pas avoir entendu. Mais quelques mètres plus loin, il est abordé par une autre tapineuse à baboules toute vêtue de cuir rouge.

– Viens ici, mon minou. J'adore les grands athlètes.

Lucien se fait tout petit dans son survêt' et il allonge la foulée. Mais le voilà bientôt poursuivi par une bande de folles en perruques et porte-jarretelles.

– Hou, hou, où qu'elle est la grosse sprinteuse ?

– Elle veut pas prêter ses baskets pour voir si on peut les enfiler ?

– Allez, fais voir tes fixe-chaussettes, grand fou.

Épouvanté, Lucien réussit à semer ce troupeau de phoques de carnaval et fonce vers l'orée du bois. Il rencontre alors deux gardiens de la paix en patrouille.

– Ah ! messieurs, dit-il essoufflé, vous tombez bien. Je viens d'être agressé par toute une bande de folles tordues. Des travelos, pire, des pédés.

Les deux flics se regardent et l'un d'eux agite son index d'un air de reproche.

– Dis donc la sportive, tu sais pas que c'est vilain de rapporter ?

*

Le journal *L'Équipe* sous le bras, Jean-Kiki vient retrouver Momo à l'heure du thé, chez Angelina.

– Ben, tu lis *L'Équipe* maintenant, s'étonne Momo.

– Parfaitement, j'ai l'intention d'aller en Italie faire du football.

– Du football en Italie, elle est folle, pouffe Momo.

– Pas du tout, s'énerve Jean-Kiki, mon rêve c'est de me faire engager dans une équipe professionnelle. On jouerait un match dans un grand stade plein de supporters italiens très virils. J'attendrais d'avoir le ballon et pof, je marquerais un but contre mon camp. Et là tout le stade hurlerait « Va Fanculo ! [1] »

*

Jean-Pierre, Michel et Bernard ont décidé de faire le tour de France en montgolfière. Le vent les pousse agréablement vers l'est mais voilà que le temps se gâte. De gros nuages enveloppent bientôt l'aéronef et les trois hommes n'ont plus aucun point de repère.

– C'est une telle purée de pois, déclare Bernard, qu'il se pourrait bien que nous fussions au-dessus de l'Écosse.

– De pois écossais naturellement, s'esclaffe Jean-Pierre.

– Au lieu de rigoler, coupe Michel, nous ferions mieux de chercher un moyen de savoir où nous sommes.

– Je vais laisser pendre ma main en dehors de la nacelle, propose Jean-Pierre, je ramènerai bien un indice quelconque.

Il s'exécute et après une quinzaine de minutes, il s'écrie :

– Ça y est je tiens quelque chose.

Il remonte des plumes arrachées au croupion d'une cigogne.

– Je crois que nous sommes au-dessus de l'Alsace, déclare Michel perspicace.

Mais le vent tourne et la montgolfière est entraînée dans une autre direction. Pour se repérer, Bernard plonge sa main

1. Pour ceux qui ne parlent pas l'italien, et qui n'ont donc rien compris à cette histoire, il est bon de rappeler que cette expression, couramment utilisée par les automobilistes mâles, incite à aller se faire farcir la grotte à cassoulet par une andouillette à coulisse.

dans les nuages et en retire presque aussitôt une poignée de neige.

– Ah ! dit Michel, je crois que nous sommes au-dessus des Alpes.

Quelques heures plus tard, les nuages ne s'étant toujours pas dissipés, c'est au tour de Michel de plonger son bras dans le vide. Il le retire bientôt sans avoir rien attrapé.

– Je crois que nous sommes au-dessus de Naples, conclut-il.

– Qu'est-ce qui te fait croire ça ? demande Bernard.

– On vient de me piquer ma montre !

*

Le chat est assis devant la télé allumée où est retransmise la finale de Roland-Garros. Le chien qui rentre de promenade s'en étonne.

– Tiens, tu aimes le tennis, toi maintenant ?

– Pas spécialement, répond le chat, mais aujourd'hui j'ai un cousin qui joue dans une raquette.

*

Henri est obèse. Il pèse deux cent vingt-huit kilos. À cause de son poids, il est encore puceau à trente-cinq ans. Un soir pourtant, il croyait bien avoir trouvé l'âme sœur. Une alpiniste chevronnée rencontrée en boîte. Mais lorsqu'elle l'a vu nu allongé sur le lit, elle a renoncé à l'ascension et elle est repartie avec son matériel. Alors Henri s'est enfin décidé à aller voir une diététicienne : le docteur Anne Aurexy.

– Le régime que je vais vous donner, déclare-t-elle, est difficile à suivre.

– Je suis prêt à tout, répond courageusement Henri.

– Vous absorberez désormais toute votre nourriture par voie anale.

– Quoi, fait Henri désarçonné, même les steaks, la salade, les huîtres ?

– Tout, insiste le docteur Aurexy sur un ton draconien, et je vous promets que dans deux mois vous vous habillerez chez le même tailleur que Sim.

Henri hoche la tête d'un air résigné.

En effet, deux mois plus tard, lorsqu'il revient voir la diététicienne, il est méconnaissable. Il ne pèse plus que cinquante-sept kilos. Tout heureux, il entre dans le cabinet du médecin en agitant frénétiquement son postérieur.

– Regardez, docteur, je suis métamorphosé.

– Je vous l'avais bien dit, claironne Anne Aurexy avec un sourire satisfait, je suis fière de vous.

– Je vais pouvoir commencer une nouvelle vie, dit Henri plein d'espoir en tortillant du troufignon comme un canard en période de rut.

Intriguée par ces mouvements fessiers un peu agaçants, le docteur l'interroge.

– Pourquoi gigotez-vous comme ça ?

– C'est rien, avoue Henri, je suis juste en train de mâcher un chewing-gum.

Salomon Bénichou a une migraine épouvantable depuis deux mois. Il a tout essayé : l'aspirine, les compresses, les tisanes, dormir la tête dans le frigo, ne plus téléphoner à sa mère. Rien n'y fait.

– Mon amie, Judith Blumenfeld, connaît un très bon guérisseur, dit Rebecca, sa femme. Tu devrais aller le voir.

– Un guérisseur, dit Salomon, perplexe, et comment il guérit ?

– Il fait des passes magnétiques. Si ça te fait pas de bien, ça peut pas te faire de mal. Tiens voilà l'adresse. C'est le professeur Éric Azaraille.

Salomon se rend donc chez le susnommé avec l'angoisse et le doute rivés aux tripes. Il est introduit dans un salon luxueux par une secrétaire tellement vulgaire qu'il n'est pas exclu qu'elle fasse des passes moins magnétiques pour arrondir ses fins de mois. Après quelques minutes d'attente, Salomon est reçu par le professeur. Celui-ci le regarde droit dans les yeux et, tendant ses longs doigts osseux vers Salomon, il les agite nerveusement pendant dix secondes.

– Et voilà, vous êtes guéri, dit-il, c'est six cents francs !

Salomon, tendant alors ses doigts potelés vers le guérisseur, les agite à son tour pendant dix secondes.

– Et voilà, dit-il, vous êtes payé !

*

Le professeur Azaraille reçoit un patient au visage livide.

– Pourquoi m'avez-vous convoqué, professeur ? demande ce dernier plein d'angoisse.

– J'ai deux nouvelles à vous annoncer, une bonne et une mauvaise.

– Commencez par la bonne !

– Il vous reste encore vingt-quatre heures à vivre !

– Vous appelez ça une bonne nouvelle, s'étrangle le malheureux, ben, alors, c'est quoi la mauvaise ?

– J'ai oublié de vous le dire hier !

*

Deux fois par semaine, le professeur Azaraille se rend dans sa clinique privée de Tripatouille-les-Barbaques. Dans l'une des chambres, un homme est allongé sur un lit, victime d'un terrible accident de la route.

– J'ai deux nouvelles à vous annoncer, dit le professeur en entrant, une bonne et une mauvaise.

– Commencez par la mauvaise, se résigne l'accidenté.

– Je vais être contraint de vous couper les deux jambes.

– C'est épouvantable, se lamente le blessé, et la bonne nouvelle, c'est quoi ?

– Le malade de la chambre voisine accepte de vous racheter vos chaussures.

*

Un jeune chirurgien vient d'être engagé par le professeur dans sa clinique de Tripatouille-les-Barbaques.

– Nous avons un accouchement en présence du père, dit le professeur au chirurgien débutant, ça va être l'occasion pour vous de montrer ce que vous savez faire.

Mais le jeune chirurgien est sensible au trac. Alors que l'accouchement se déroule dans des conditions tout à fait normales, le nouveau-né lui glisse des mains comme une savonnette et se fracasse la tête contre le mur. En plongeant comme au rugby pour tenter de le rattraper, le chirurgien renverse un goutte-à-goutte dont la bouteille assomme mortellement la mère. Sous le choc, le bras de la jeune femme s'abat sur une cuvette remplie d'instruments de chirurgie. Ceux-ci sont catapultés et l'un des bistouris se plante dans le ventre du père. Le bilan est lourd.

Le professeur Éric Azaraille, catastrophé, convoque aussitôt le jeune chirurgien.

– C'est uniquement parce que vous êtes le neveu de Jean-Cyril Du Glaisys-Varchemeleux que je ne vous renvoie pas, lui dit-il, vous allez faire un stage de trois mois à la faculté de médecine de Paris, c'est votre dernière chance.

Trois mois plus tard, le jeune chirurgien revient plein d'enseignements et de sages résolutions.

– Nous avons encore une naissance, dit le professeur, voyons si votre stage vous a profité.

Le jeune chirurgien passe en salle d'opération tandis que le professeur attend dans le couloir. Quelques minutes plus tard, le chirurgien sort, couvert de sang, mais le sourire aux lèvres.

– Alors, questionne Azaraille, ça s'est bien passé ?

– Ah ! oui, répond fièrement le chirurgien, ce coup-ci j'ai sauvé le père.

*

Une naine téléphone au professeur Azaraille.

– Allô ! bonjour, c'est madame Simplet.

– Ah ! oui, la naine, réalise le professeur, qu'est-ce que je peux faire pour vous madame ?

– Ben, je voudrais un rendez-vous parce que j'ai des douleurs.

– Des douleurs comment ?

– Chaque fois qu'il pleut, confie-t-elle à voix basse, j'ai l'entrecuisse irrité, mais irrité. C'est comme si j'avais un slip à la moutarde.

– Eh bien, la prochaine fois qu'il pleuvra, venez me voir, nous examinerons cela.

Quatre jours plus tard, il pleut à torrents, la naine débarque chez le professeur.

– Ah ! madame Simplet. Alors, ces douleurs dans l'entrecuisse ?

– Terrible, c'est irrité, je vous dis que ça.

– Bien, nous allons voir ça. Allongez-vous sur la table.

La naine s'allonge et relève sa robe.

– Oui, oui, oui, je vois, je vois, dit le professeur d'un air entendu.

Il ouvre un tiroir, y prend des ciseaux et plonge entre les jambes de la naine qui s'angoisse. On n'entend que les « tchak, tchak » ingrats des ciseaux.

– Et voilà, madame Simplet, c'est terminé, dit le professeur en sortant victorieusement de sous la robe de la naine, vous pouvez vous lever.

Avec mille précautions, Mme Simplet saute de la table et se met à marcher.

– J'ai plus mal, j'ai plus mal, dit-elle en riant, il pleut et j'ai plus mal. Qu'est-ce que vous avez fait, professeur ?

– Oh ! pas grand-chose, répond modestement celui-ci, j'ai raccourci vos bottes en caoutchouc.

*

Gaston Boulier est receveur des postes à Lagranville. Il a demandé la main de Thérèse, la fille du notaire de Chavignal-Glaiseux. Sa demande ayant été acceptée, il annonce la bonne nouvelle à ses copains qui organisent quelques jours plus tard l'enterrement de sa vie de garçon.

Tous se réunissent à *L'Auberge de la Gerbe d'or*. On mange, on boit entre hommes. C'est une énorme beuverie à côté de laquelle les orgies romaines ressemblent à un goûter aux restos du cœur. Lorsqu'arrive le moment du dessert, on fait entrer un gigantesque bavarois aux fraises dans la salle. L'haleine de Gaston est tellement alcoolisée qu'en soufflant les bougies, il transforme le gâteau en omelette norvégienne. On éteint le sinistre avec un extincteur, le dessus du bavarois se volatilise et, ô miracle, une fille en sort, nue comme un asticot. Elle est tarte mais tout à fait prête à recevoir de belles prunes.

– C'est pour toi, Gaston, crient joyeusement ses compagnons avinés.

– C'est pas vrai ? demande le futur marié, une larme dans l'œil.

– Mais oui, c'est une professionnelle de chez la mère Trumeau, on s'est tous cotisés pour te l'offrir.

La fille tarte tombe dans les bras de Gaston qui en profite copieusement toute la nuit.

Hélas ! deux jours plus tard, tout penaud, il se rend à Paris chez le professeur Azaraille, car si le bavarois cachait une bonne surprise, la tarte en cachait une mauvaise. Il est à tel point atteint [1] que lorsqu'il déballe sa bougie sous les yeux du guérisseur, le teint de celui-ci devient cireux.

– Mon pauvre ami, dit-il d'une voix émue, j'ai bien peur qu'il faille vous la couper !

– Ah ! non, pas ça, je me marie dans une semaine.

1. Comme le dit le proverbe : « Prends garde si la tarte t'atteint. »

– Je peux aussi vous donner une décoction de ma composition.

– Et je serai guéri ? demande Gaston plein d'espoir.

– Non, elle tombera toute seule.

Alors le pauvre receveur des postes de Lagranville s'effondre.

– Thérèse va refuser le mariage, ma vie est foutue.

Voyant son client au bout du rouleau, bonne pâte, le guérisseur griffonne une adresse sur un papier.

– Il y a encore une solution. Allez voir Matthieu à Chavignal-Glaiseux. Il a un truc qui, paraît-il, est infaillible.

Le salut, si près de chez lui, Gaston n'en revient pas. Le lendemain matin, il est chez le paysan.

– Venez avec moi, fait Matthieu après avoir vu l'état de la zibounette de Gaston.

Il l'emmène dans l'étable et lui montre un veau couché près de sa mère.

– Donnez-lui donc vot' bazar à téter.

– Quoi ? fait Gaston surpris par la proposition.

– C'est un vieux truc. C'est infaillible.

Se résignant à cette incongruité, Gaston exhibe son appendice malade que le bovidé happe sans vergogne.

Quelques semaines plus tard, le professeur Azaraille part en week-end. Il en profite pour passer à la Poste de Lagranville afin d'avoir des nouvelles de son patient.

– Alors, demande-t-il au receveur, votre mariage s'est bien déroulé, j'espère.

– Je ne me suis pas marié.

– Oh ! mon pauvre vieux, dit le professeur désolé.

– Mais je suis très heureux, continue Gaston, j'ai acheté le veau.

*

Le professeur Azaraille retire les bandages qui recouvrent les mains d'un de ses malades.

– Ma pommade aux herbes de Provence a parfaitement guéri vos mains grillées, déclare-t-il satisfait.

Son patient fait bouger ses doigts.

– Vous croyez que je pourrai jouer du piano, professeur ?

– Sans doute !

– Ah ! ben, tant mieux ! parce que j'en ai jamais joué.

*

Thérèse, la fille du notaire de Chavignal-Glaiseux, ayant entendu parler des bienfaits du guérisseur parisien, prend rendez-vous avec lui.

– J'ai besoin d'un miracle, lui dit-elle, car je vais me marier avec le fils d'un banquier de Lagranville et...

– Mes félicitations, coupe Éric Azaraille avec un grand sourire bien qu'il s'en batte les roubignoles avec un os de seiche.

– Malheureusement je dois être vierge, c'est la condition qu'a posée son père à l'héritage de son fils.

– Et vous ne l'êtes plus, conclut le Sherlock Holmes du bain de siège.

– Ben, non, répond Thérèse, c'est qu'avant j'ai connu Gaston avec qui j'ai eu un flirt poussé.

– La solution est simple, c'est une opération que j'ai déjà pratiquée. Il s'agit de vous prélever un petit bout de tympan et de vous le greffer à la place de l'hymen. Votre mari ne verra pas la différence.

Thérèse accepte et l'opération réussit parfaitement. Mais quelques semaines plus tard, le fils du banquier de Lagranville se présente chez le professeur.

– Ma femme, Thérèse, a un comportement curieux, dit-il, depuis que nous sommes mariés, quand je lui glisse quelques mots doux à l'oreille, elle lève la jambe et fait : « Qu'est-ce que tu dis ? »

*

La clinique de Tripatouille-les-Barbaques vient de se doter d'un cabinet de para-chirurgie dentaire. Le professeur Azaraille y reçoit son premier patient dont la bouche est maintenue ouverte grâce à des écarteurs. Azaraille creuse comme une brute dans la gencive inférieure de l'homme qui hurle presque aussi fort que la roulette. Avec un haut-le-cœur annonciateur d'un dépôt de gerbe imminent, le professeur retire successivement de la gencive de l'opéré des déchets jaunes, puis verts, puis bleus et encore jaunes, verts et bleus.

– Hé hi y a ? demande l'homme, ouhoua hou haiue hette hête-hà ?

Azaraille lui retire l'écarteur et il répète :

– Qu'est-ce qu'il y a ? Pourquoi vous faites cette tête-là ?

– C'est fou, répond le professeur, je creuse, je creuse et je trouve du jaune, du vert, du bleu, du jaune, du vert, du bleu.

– C'est normal, fait le patient, vous êtes en train de vous attaquer à mes chaussettes !

*

– J'ai regardé vos radios de l'estomac, dit le guérisseur à l'homme qu'il vient d'examiner, c'est bizarre.

– Qu'est-ce que j'ai ? Un ulcère ?

– Non, vous avez une montre à l'intérieur.

– Je sais, fait l'homme rassuré, je l'ai avalée quand j'avais dix ans.

– Ah bon ! et ça ne vous fait pas souffrir ?

– Seulement quand je la remonte.

James Bond a été envoyé en Tchétchénie par les services secrets de Sa Majesté. Mais sa mission tourne court. Il est capturé par les forces russes et enfermé quelque part en Sibérie où il fait un froid à se faire inscrire les baboules chez Findus. La CIA envoie aussitôt John Rambo, son meilleur agent, pour le récupérer. Arrivé à la gare de Novossibirsk, il entre en contact avec un Tchétchène hifi [1].

– Voici le matériel, dit-il avec une haleine de bachelier de la vodka, pour un baroudeur tel que vous, c'est le baise-en-ville indispensable. Il y a une grosse boîte pleine de piles [2], un couteau suisse électrique à soixante-quatorze lames, un déguisement tchétchène fait d'un vieux pantalon de jogging, d'une robe de chambre et un béret bourré de blinis pour faire le chapeau. Il y a également un pistolet mitrailleur repliable, un lance-croquettes, un mortier de 90, un tire-bouchon et une pince à épiler. Il y a encore un nécessaire de couture pour se recoudre soi-même en cas de blessure, des pinces à linge pour

1. Les Tchétchènes hifi sont des guerriers qui aiment se cacher en haut des montagnes. On voit souvent les Tchétchènes hifi s'terrer haut.

2. Et non pas le contraire.

tenir les bords de la plaie, des aiguilles et du fil fluorescent pour s'opérer la nuit.

– C'est super ! dit Rambo admiratif.

Le Tchétchène lui tend alors avec émotion un étui en bois long d'un mètre cinquante, très joliment décoré de motifs en cuivre.

– Qu'est-ce que c'est ? demande John.

– C'est ce qu'on appelle ici des cabinets sibériens.

Il ouvre l'étui. À l'intérieur se trouve un gros bâton d'un mètre vingt dont l'extrémité est munie d'un pas de vis, et un bâton plus court et plus mince.

– Comment ça marche ?

– Je vous explique. Lorsque vous êtes perdu en plein milieu de la toundra sibérienne balayée par un vent glacial de quatre-vingts kilomètres à l'heure et qu'il vous prend une soudaine envie de popo, vous prenez le grand bâton et vous le vissez bien droit dans le sol gelé. Puis vous baissez votre pantalon, vous cramponnez le bâton à deux mains pour garder une position stable, vous vous accroupissez et vous accomplissez votre popo.

– OK, fait Rambo qui prend des notes, et le petit bâton, il sert à quoi ?

– Ah ! le petit bâton, répond le tchétchène, c'est pour frapper autour de vous afin de chasser les loups.

*

Extrait du journal de Rambo.

« 14 janvier. Je me dirige à pied vers la Sibérie en traversant une forêt de sapins. Il fait très froid et la neige est épaisse. J'aurais pas dû mettre des tongs car maintenant j'ai des engelures aux gros orteils. J'aperçois enfin le bout de la forêt. Tout d'un coup, je vois un petit poussin plein de caca

sortir d'un buisson. Pauvre petit poussin, me dis-je. Je sors mon mouchoir et je le nettoie. Je m'apprête à reprendre ma route quand un second poussin plein de caca sort du même buisson. Je le nettoie aussi avec mon mouchoir. Mais au moment où je vais repartir, un troisième poussin plein de caca sort du même buisson. Je le nettoie encore. C'est alors que la tête d'un paysan russe apparaît au-dessus du buisson. Il me dit :

– Vous auriez pas du papier, j'ai plus de poussins. »

*

Rambo est arrivé au camp où est détenu James Bond. Il s'enduit le corps de farine pour passer inaperçu dans la neige. Il réussit à se faufiler jusqu'aux cuisines du camp. Là, il se jette dans la friture pour se déguiser en escalope panée et s'introduit dans le réfectoire à l'heure du déjeuner. Il mitraille, il égorge et réussit à délivrer James Bond...

Mais l'alerte est donnée dans le camp. Des hélicoptères décollent pour rechercher les fuyards. Ceux-ci réussissent à se réfugier dans un village.

– Cachez-nous, dit Rambo au chef du camp, les Russes nous poursuivent.

– Trop tard, répond celui-ci, j'entends déjà les hélicos. Nous allons être fusillés pour vous avoir recueillis et vous deux, vous serez torturés. Vous allez en chier comme des Russes.

– M'en fous, fait Rambo, j'ai des cabinets sibériens.

– Allons nous cacher dans la montagne, propose James Bond.

– Nous n'aurons jamais le temps. Il y a un puits dans ce village ?

– Oui !

– Cachons-nous tous dedans.

– Vite ! les hélicoptères arrivent, crie Bond.

Alors toute la population du village descend dans le puits en compagnie des deux fuyards.

– Nous sommes perdus, dit le chef à Rambo, s'ils se mettent à parler au-dessus du puits, ils vont se rendre compte qu'il est plein de monde car il n'en sortira aucun écho de leurs voix.

– Mais non, fait Rambo qui a plus d'un four dans son snack, je vais imiter l'écho, ils croiront que le puits est vide.

Mais déja les hélicos atterrissent. Le colonel Douzendoff s'approche du puits.

– Où sont passés les habitants de ce village ? crie-t-il.

– Où sont passés les habitants de ce village ? répète fidèlement John.

– Ils sont peut-être cachés dans ce puits !

– Ils sont peut-être cachés dans ce puits !

– Ou alors ils sont partis se cacher dans la montagne !

– Ou alors ils sont partis se cacher dans la montagne !

– Pour être sûr, je vais quand même lancer une grenade dans le puits !

– OU ALORS ILS SONT PARTIS SE CACHER DANS LA MONTAGNE !!!

*

Avec une adresse diabolique, James Bond et Rambo ont réussi à voler un hélicoptère aux Russes. Ils décollent en catastrophe et s'enfuient. Mais comme ils n'ont pas de cartes, ils se perdent. C'est ainsi qu'ils arrivent au-dessus de la campagne française. John pose l'hélico dans la cour d'une ferme et James va frapper à la porte pour demander son chemin. Une grosse fermière rougeaude ouvre. Toujours courtois, Bond se présente :

– Bond, James Bond !
Et la fermière répond :
– Monde, Ray... monde !

*

Nos deux héros sont arrivés à Paris. Comme ils n'ont plus beaucoup d'argent, ils sont contraints de prendre le bus et le RER pour aller à l'aéroport de Roissy où James Bond s'envolera pour Londres et John Rambo pour New York.

Comme le bus arrive à une station, le chauffeur lance :

– Clemenceau !

Un homme se lève et descend. Le bus démarre. Trois kilomètres plus loin, nouvel arrêt.

– Réaumur-Sébastopol, fait le chauffeur.

Deux hommes se lèvent et descendent. Le bus démarre.

Rambo se tourne alors vers James Bond.

– On va jamais pouvoir descendre, dit-il inquiet, on n'a pas donné notre nom au chauffeur !

*

Comme l'avion de Rambo part plus tard, il a le temps de faire du shopping. Il traîne dans les rues de Paris. C'est ainsi qu'il se retrouve dans le Sentier, devant la boutique de Judas Bénichou Prêt-à-Porter. Séduit par les costumes aux couleurs si voyantes qu'on les croirait destinés aux ouvriers d'un chantier d'autoroute, Rambo entre dans la boutique.

– Bonjour, je voudrais acheter un costume, dit-il à Judas qui le guettait du fond du magasin comme une araignée guette la mouche.

– *Yes, sir*, répond-il d'une voix forte, j'ai ici tous les costumes prêt-à-porter. *Good quality*. Faites votre choix...

Rambo fouille un peu et trouve un costume jaune dont les rayures vertes sont soulignées d'un fin liseré fuschia. Le genre de costume qu'il faut porter sans faire de mouvement brusque pour éviter de donner la nausée à tout le monde.

– C'est combien ça ? demande Rambo.

– Ça *very beautiful, good quality*. Pas cher. Cinq cents francs français. Vous avez bien choisi. *Good choice*. Essayez-le.

Rambo entre dans une cabine. Il enfile le costume et se regarde dans le miroir. C'est parfait. Il paye, il sort et au bout d'un moment, il s'aperçoit que sa manche droite tombe plus bas que sa manche gauche. Il retourne au magasin.

– Excusez-moi, dit-il à Judas, j'ai un problème. J'ai une manche qui tombe.

– *It is not* pas grave. C'est un tissu très souple. Donnez un coup d'épaule et la manche se remet en place.

John donne un coup d'épaule sec vers le haut et, en effet, la manche se remet en place parfaitement. Il remercie Judas et s'en va. Mais à peine a-t-il parcouru cent mètres que la manche gauche tombe à son tour. Mais John Rambo a un esprit de déduction d'une telle logique qu'on l'appelle le Descartes d'état-major. Il donne un coup d'épaule et hop, la manche gauche reprend sa place. La manche droite recommence, hop, un coup d'épaule à droite. La manche gauche tombe encore, hop, un coup d'épaule à gauche.

Tout va bien jusqu'au moment où, tous ces mouvements secouant son pantalon, le voilà qui commence à descendre. Alors il le remonte. Ça provoque illico un retroussement de l'ourlet du bas de la jambe droite. Les nerfs de John Rambo commencent à être tellement tendus qu'on pourrait les monter sur une raquette de tennisman suédois un jour de finale à Roland-Garros. Il retourne au magasin.

– Excusez-moi, dit-il à Judas, ce coup-ci, j'ai un problème avec la jambe droite.

– *It is not* pas grave ! Il faut secouer la jambe.

Rambo obéit et, miracle, la jambe droite du pantalon retombe normalement. Il s'en va tout heureux. Mais voilà que ça recommence sur la droite. John est donc obligé de secouer la jambe droite. Le voilà déambulant dans les rues de Paris en costume jaune à rayures, donnant un coup d'épaule à droite, un coup d'épaule à gauche, remontant son pantalon, secouant sa jambe droite puis sa jambe gauche. Tout le monde regarde avec curiosité cette espèce d'épileptique électrocuté.

Le lendemain, lorsqu'il atterrit à Kennedy Airport, le colonel qui l'attend à la sortie le voit arriver avec cette démarche dégingandée.

– Eh bien, John, lui dit-il, je ne sais pas quelle maladie tu as attrapée en Sibérie, mais ton costume, il est super.

LA SAGA DES BÉNICHOU
(suite)

David Bénichou vient de débarquer en Israël. Arrivé sans un sou, il compte bien faire fortune grâce à son adresse et son bagou. En passant devant un garage de Tel-Aviv, il a vu une mobylette d'occasion mise en vente l'équivalent de mille francs français. Une idée germe dès lors dans son esprit comme une patate au fond d'une cave. Il va acheter cette mobylette et monter une société de courses. Afin de gagner la somme nécessaire, David se fait donc engager comme groom à l'*Hôtel Ben Gourion*.

– Vous ne serez payé qu'aux pourboires, l'informe le chef du personnel.

Le lendemain matin, le cœur plein d'un courage qui n'a d'égal que celui de Moïse gonflant son canot pneumatique pour traverser la mer Rouge, David en uniforme de groom, attend les clients dans le hall de l'hôtel. Quelle chance, un car de rabbins vient d'arriver. Ils sont cinquante. En se débrouillant bien il sent qu'il va pouvoir leur soutirer quelques shekels. Tel un hébraïque Zébulon, il bondit vers eux. Il porte une à une les valises des rabbins avec empressement dans leur chambre. Mais lorsqu'il tend la main pour recevoir un pourboire, chaque rabbin la lui serre chaleureusement.

– Je ne vous demande pas grand-chose, leur explique-t-il, l'équivalent de vingt francs français chacun. Avec ça je pourrai m'acheter une mobylette.

– Nous allons réfléchir, répondent-ils tous en refermant leur porte.

– Rabbin rime avec radin, grommelle David qui voit déjà s'envoler son rêve de mobylette [1].

La journée passe. Parfois David croise un rabbin qui lui adresse un sourire et lui dit :

– Nous réfléchissons !

« Radins et taquins » pense David écœuré.

À la fin de la journée, le jeune groom déçu quitte son uniforme en priant pour trouver le lendemain des clients plus généreux. Au moment où il va franchir la porte de l'hôtel, cinq rabbins l'abordent.

– Nous avons réfléchi, lui dit l'un d'eux, nous avons beaucoup discuté et voici ce que nous avons décidé.

Un silence s'installe. Puis le rabbin fouille dans sa poche et en extirpe une enveloppe qu'il tend à David.

– Nous nous sommes cotisés, ajoute-t-il, et avons réuni l'argent dont tu as besoin.

Le bonheur envahit le cœur du jeune homme qui, les mains tremblantes, pleure de joie.

– Merci, oh, merci, bégaie-t-il, je sais maintenant de quoi Jésus est mort. Les rabbins se regardent interloqués.

– Et de quoi est-il mort, Jésus ?

– D'angoisse !

*

1. Quand on rêve de mobylette on se réveille avec des sacoches sous les yeux et des troubles cyclomoteurs.

Le couple de touristes qui vient d'arriver à l'*Hôtel Ben Gourion* semble venir tout droit de l'île de Wight vu le style hippie qu'ils arborent. L'homme est barbu, cheveux longs, grande djellaba avec babouches. Sa femme est enceinte, robe longue en coton, grand châle de toile légère qui tombe sur ses épaules.

– Je suis désolé, messieurs dames, dit le réceptionniste, l'hôtel est complet.

– Où allons-nous passer la nuit, Joseph, dit-elle à son mari.

– Je ne sais pas, ma pauvre Marie, répond tristement le barbu.

À la vue de ces hippies sans lit, David sent l'émotion l'envahir. Il s'approche du couple.

– Vous vous appelez Marie et Joseph, leur demande-t-il.

– Oui, répond l'homme, et alors ?

– Quel est votre métier ?

– Je suis charpentier.

David, impressionné, tremble de tous ses membres.

– Et le petit que vous portez, madame, il va s'appeler Jésus ?

La jeune femme éclate de rire.

– Jésus ? Non mais ça va pas ! on n'est pas Portugais.

*

Bertrand Lomelais est en voyage officiel en Israël. Comme la plupart de ses confrères, on le reçoit à l'*Hôtel Ben Gourion.*

– Vous qui parlez français, dit le directeur à David, vous allez faire visiter notre ville à M. Lomelais en commençant par la tombe du soldat inconnu israélien devant laquelle il aimerait se recueillir.

C'est un honneur pour le jeune groom. Il monte dans la voiture officielle affrétée pour l'occasion et emmène Bertrand Lomelais au cimetière. La délégation descend de voiture et

David les conduit jusqu'à une tombe modeste où l'on peut lire un nom : Lévy Ben Soussan.

– Dites donc, lance le Français rigolard, il est pas inconnu votre soldat, y a son nom sur la pierre.

– Évidemment, répond David, Lévy Ben Soussan était un tailleur très connu mais comme soldat il était totalement inconnu.

*

David veut s'installer à Hébron dans le quartier palestinien qu'il trouve pittoresque. Il entre dans une agence immobilière.

– Bonjour madame, dit-il à l'employée qui l'accueille avec une tronche de bouledogue constipé, je cherche un appartement à louer.

– Je n'ai rien pour vous, répond la jeune femme d'un air aussi dédaigneux que celui de la reine d'Angleterre à qui on demanderait un coït buccal.

– Je ne suis pas un colon, se défend David, je veux juste louer un appartement. J'en vois d'ailleurs toute une liste affichée derrière vous.

– Désolée, nous ne louons pas aux juifs !

– Qu'est-ce qui vous dit que je suis juif, riposte David, je suis peut-être chrétien.

– Si vous êtes chrétien, ricane l'employée, vous devez savoir où est né Jésus.

– Oui, il est né dans une étable. Et vous savez pourquoi il est né dans une étable ?

– Non !

– Parce que des racistes comme vous refusaient de louer aux juifs.

*

David entre dans la boutique de Jacob Schlomo.

– Dis-moi, Jacob, le noir c'est une couleur ?

– Bien sûr que c'est une couleur, répond Jacob.

– Eh non ! le noir c'est pas une couleur, c'est une teinte !

– Ah non ! non, non, insiste Jacob, le noir c'est une couleur.

Le ton monte entre les deux hommes qui, non contents de s'en tenir aux mots, s'apprêtent à en venir aux mains[2].

– Allons voir le rabbin, conclut David pour calmer le jeu.

Les deux antagonistes se retrouvent ainsi chez le rabbin.

– Monsieur le rabbin, commence David, M. Schlomo et moi-même avons un petit différend. Nous voudrions savoir si le noir est une couleur !

Le rabbin réfléchit. Son cerveau en ébullition, est au rabain-marie. Il se gratte la barbe puis il soupire et laisse tomber son jugement.

– Quand on parle d'un Noir, déclare-t-il, on dit que c'est un homme de couleur. Donc le noir est une couleur.

Les deux juifs s'en retournent chez eux. Le lendemain, David rentre dans la boutique de Jacob.

– Dis-moi, Jacob. D'après toi, le blanc c'est une couleur ?

– Bien sûr que c'est une couleur, répond Jacob, comme le noir.

– Non, non, non, le noir c'est peut-être une couleur mais le blanc c'est une absence de couleur.

– Ah non ! s'insurge Jacob, le blanc c'est bien une couleur.

– Retournons voir le rabbin, dit David.

Les deux amis retournent donc à la synagogue.

– Monsieur le rabbin, excusez-nous de vous déranger une fois de plus mais nous voudrions savoir si le blanc est une couleur.

Le rabbin réfléchit de nouveau. Puis il hoche la tête.

– Tout comme le noir, on peut dire que blanc est une couleur.

2. « Jeux de mains, jeux de vilains » alors que « Jeux de mots jeux de vélos ».

Alors Jacob se tourne vers David et lui dit :

– Eh bien, tu vois la télé noir et blanc que je t'ai vendue, c'est bien une télé couleur.

*

David Bénichou a réussi à monter sa société de courses. Il fait de tels bénéfices qu'il prend la décision d'installer une succursale en France. Afin de signer les contrats nécessaires, il se rend dans notre beau pays en compagnie de sa secrétaire, Sarah Blumenfeld. Mais c'est la période des salons à Paris. Tous les hôtels sont pleins comme des caddies de chez Mammouth à la veille de Noël.

Après avoir exploré une cinquantaine d'entre eux, les deux voyageurs se retrouvent à l'*Hôtel de Ouarzazate*.

– Il ne me reste qu'une chambre avec un grand lit, dit le réceptionniste.

David et sa secrétaire sont un peu gênés à l'idée de cette promiscuité imposée. Mais ils sont fourbus, ils acceptent et s'installent tous deux dans la chambre, chacun tâchant au mieux de respecter l'intimité et la pudeur de l'autre. Ils se couchent enfin et tentent de s'endormir. Au bout d'un moment, David sent monter en lui un sentiment d'environ vingt-trois centimètres de long. Après avoir essayé de résister, il murmure timidement :

– Mademoiselle Blumenfeld, vous dormez ?

– Non, monsieur Bénichou, répond Sarah, qu'est-ce que vous voulez ?

– Eh bien, comment dire, hésite-t-il, j'ai une grosse affaire à vous proposer.

– Oh ! monsieur Bénichou, je suis très fatiguée, nous en reparlerons demain matin.

David, refroidi, n'insiste pas. Il se retourne et essaie de trouver le sommeil. De son côté, Sarah laisse ses pensées errer du côté de son épiderme fessier. Comme dirait Marcel

Proust « du côté de chez couenne ». Après tout, son patron lui a toujours plu. Il a un tel charme. C'est l'occasion ou jamais de laisser leurs corps se rejoindre dans une étreinte folle. Alors elle se tourne vers lui et, le cœur battant, laisse échapper un râle humide.

– Rhâââ! Monsieur Bénichou, à propos de votre grosse affaire, vous avez raison, parlons-en tout de suite.

– C'est trop tard, répond David, j'ai traité de la main à la main.

*

Rebecca Bénichou entre avec son fils David chez Monsieur Zilberman le tailleur, pour lui faire un beau costume.

– Regardez ces beaux tissus, dit Zilberman, sortant des échantillons de ses tiroirs comme Majax sort des mouchoirs multicolores du troufignon de son lapin blanc.

– Ne me jetez pas de poudre aux yeux, dit Rebecca, faites-lui un costume avec de la bonne qualité pas chère, c'est tout ce que je veux.

Voyant qu'il n'aura pas le dessus, le tailleur ravale son boniment et se met en devoir de prendre les mesures de l'ado sous le regard méfiant de sa mère qui le toise.

– Je vous le fais en gabardine, demande-t-il obséquieusement.

Faites-le moi plutôt en une semaine, répond Rebecca sèchement.

Une semaine plus tard, la mère est de retour au magasin en compagnie de son grand garçon.

– Le costume de votre fils est prêt, dit le tailleur cauteleux.

David entre dans une cabine d'essayage et passe le costume.

– Comme tu es beau mon fils, dit Rebecca rassérénée, garde-le sur toi pour montrer à ton père.

Elle paie et sort du magasin tenant David par le bras, tous les deux fiers comme des roubignoles dans un slip de macho.

Hélas, le temps se couvre et voilà de grosses gouttes qui tombent sur le costume. Puis c'est l'averse. David et sa mère, trempés, s'abritent sous un porche pour laisser passer l'orage. Les nuages s'éloignent bientôt. Rebecca s'apprête à reprendre la route mais elle pousse un cri. Les vêtements de David ont rétréci horriblement. Le pantalon est devenu un short et la veste une espèce de boléro. On dirait Carlos dans le costume de Bouvard. Furieuse la mère fonce avec son fils vers la boutique de Zilberman dans laquelle elle entre comme un rhinocéros dans le show-room de Baccarat.

– Regardez ce qui est arrivé au petit, crie-t-elle rouge de colère.

Le tailleur contemple le costume rétréci avec un effarement qui fait bientôt place à un sourire admiratif.

– Mon Dieu, s'écrie-t-il, comme il a grandi, ce petit.

*

Pour venger cet affront, David Bénichou rachète la boutique d'Abraham Zilberman. Du coup l'affaire qui périclitait devient florissante si bien qu'il se retrouve, dix ans plus tard, au Salon du prêt-à-porter.

C'est ainsi qu'il rencontre Joseph Choukroun qui tient le stand près du sien.

– J'ai des problèmes avec mon fils, avoue David, il vient tous les jours à l'atelier mais au lieu de travailler, il entre dans la cabine des mannequins, il les pelote, il pique cinq mille francs dans la caisse et on ne le revoit que le lendemain soir.

– Le mien c'est pire, dit Joseph, il vient à l'atelier tous les jours, il entre dans la cabine des mannequins, il les pelote, il pique cinq mille francs dans la caisse et il s'en va.

– C'est pas pire, rectifie David, c'est pareil.

– Non, c'est pire. Parce que moi, je suis dans le prêt-à-porter pour hommes.

Il est deux heures du matin et David n'arrive pas à trouver le sommeil.

– Tu as fini de tourner dans le lit comme un poulet à la broche, dit Sarah.

– J'arrive pas à m'endormir, répond David renfrogné.

– Eh bien, tu as qu'à compter les moutons !

– Quels moutons ? Où tu vois des moutons, toi ?

Sarah se redresse nerveusement dans le lit.

– Imagine que tu es un berger qui garde mille moutons. C'est Cohen qui te les a vendus et tu n'es pas sûr qu'il y en a mille. Alors tu les comptes.

– Et alors ?

– Et alors quand tu en auras compté mille, tu te seras endormi sans même t'en rendre compte.

Là-dessus Sarah se recouche et se tourne de son côté avec un grognement de blaireau atrabilaire.

Elle entend son mari compter à voix basse. Au bout d'un quart d'heure, David recommence à se tourner et se retourner entre ses draps comme un campeur couché sur un lit de fourmis rouges.

– Chéri arrête, j'en ai marre, éclate Sarah.

– Moi aussi. Ça marche pas ton truc des moutons.

– Pourquoi ?

– Arrivé à mille comme je dormais toujours pas, j'ai tondu les moutons. Et j'ai fait mille balles de laine.

– Tu les as comptées.

– Oui mais arrivé à mille, je dormais toujours pas. Alors j'ai cardé la laine, j'en ai fait mille pelotes.

– Tu as compté les pelotes ?

– Évidemment ! Mais je dormais toujours pas, avec les mille pelotes, j'ai tricoté mille manteaux de laine.

– Et avec tout ça, s'exclame Sarah, tu n'arrives pas à dormir ?

– Et comment tu veux que je dorme avec mille manteaux en magasin ?

David est dans son bureau lorsqu'il apprend que Josué Benchémoul, son chef du personnel, vient de succomber à un infarctus.

– C'est moi qui dois annoncer cette triste nouvelle à sa femme, la pauvre Simone, dit David avec un soupir de résignation.

Il se rend chez les Benchémoul et sonne à la porte. Une femme ouvre.

– Madame veuve Benchémoul, demande David.

– Je suis Mme Benchémoul, répond la femme mais je ne suis pas veuve.

– Vous pariez cent francs ?

*

Josué Benchémoul était un homme exemplaire qui n'a jamais fait dans sa vie que de bonnes actions. Aussi, lorsqu'il arrive au paradis, l'archange Gabriel s'interpose.

– Arrête Josué !

– Quoi ! qu'est-ce que j'ai fait ? demande le décédé apeuré.

– Cher Josué ! Je vais être obligé de te faire patienter, Le Seigneur est en train de délibérer sur ton cas. Assieds-toi sur ce nuage, ça ne va pas être long.

Josué s'assoit et commence à s'angoisser. Il cherche dans sa vie ce qu'il a bien pu faire de mal... Rien... Il ne voit que des bonnes actions, rien que des bonnes actions. À cet instant le Très-Haut en personne arrive.

– Josué ! Cher Josué !

Josué se prosterne.

– Ah ! mon Dieu !

Mais Le Seigneur le relève.

– Je suis bien embêté, je ne peux pas t'admettre comme ça au paradis. Tu n'as jamais commis une seule faute. Tu es aussi parfait qu'un ange, tu n'es donc pas justiciable du tribunal des hommes. Je vais te renvoyer sur la terre afin que tu commettes un péché, juste un. Après ça un petit coup de purgatoire et hop, au paradis.

Josué redescend donc sur terre. Il se retrouve chez lui. Sa femme n'est pas là. Alors ne sachant quelle mauvaise action commettre, il va frapper chez sa voisine, la vieille Mme Sarfati, veuve depuis vingt ans, et qui a un âge dit « canonique » bien qu'elle n'ait pas vu une paire de douilles depuis belle lurette.

– Ah ! monsieur Josué, s'écrie-t-elle en ouvrant sa porte, comme c'est gentil de rendre visite à une vieille dame qui se sent bien seule. Entrez, je vais vous offrir un thé.

Pendant que la vieille s'affaire devant son fourneau, Josué réfléchit.

« Eurêka ! se dit-il soudain en hébreu, je vais commettre le péché de chair, je vais violer la vieille. »

Profitant de la position inclinée de Mme Sarfati qui cherche des langues-de-chat dans son buffet, Josué lui saute au fondement et commet l'irréparable. Lorsque c'est fini, la vieille, le visage inondé de larmes, se retourne vers son violeur.

– Ah ! Josué, dit-elle, il y a si longtemps que j'attendais ça. C'est la meilleure bonne action de toute ta vie.

Les clients ne se bousculant pas dans sa boutique de confection, M. Zilberman s'est installé sur le pas de la porte. Il est même prêt à faire la manche. Et pas seulement la manche, tout le costume. Un des ses concurrents passant par là, s'arrête devant lui.

– Alors, monsieur Zilberman, lance-t-il d'une voix gaillarde, comment vont les affaires ?

– Ça va, ça va, répond-il d'un air détaché bien qu'il ne fasse pas pressing.

– Vous avez l'air de vous ennuyer ?

– Pas du tout.

– Vous avez beaucoup de clients en ce moment ?

– Pas mal, pas mal, répond évasivement Zilberman que l'interrogatoire de son concurrent commence à gonfler sérieusement.

– Combien en moyenne ?

– En moyenne, j'ai un client tous les matins !

– Et l'après-midi ?

– L'après-midi, c'est un peu plus calme !

*

Haziz entre dans une pharmacie.

– Bonjour m'sieur. Je voudrais une poteca, une aspirine et un verre d'eau.

Le pharmacien, dont seule la tête de héron à lunettes dépasse d'un tas de boîtes et de flacons, lève un sourcil en forme de point d'interrogation.

– Pardon ?

– Tu comprends pas le français, crâne de mort, s'énerve Haziz, je dis que je veux un verre d'eau, une poteca et une aspirine.

– Une potka ?

– Ouais une capote, un préservatif, quoi !

Le pharmacien, n'ayant pas l'intention d'épiloguer davantage avec cet olibrius, lui donne son préservatif et pose un verre rempli d'eau sur le comptoir. Haziz sort l'imperméable à zibounette de son étui, met l'aspirine dedans et avale le tout à l'aide du verre d'eau.

– Pourquoi vous faites ça, s'étrangle l'apothicaire.

– Pour niquer la grippe, tête de mort.

*

M. Bricheton est boulanger. Un jour, Jean-Kiki, tout excité, entre dans sa boulangerie.

– Bonjour, monsieur Bricheton, je voudrais un ours en pain d'épices.

– Y en a pas, répond le gros homme en blanc couvert de farine.

Ses yeux entrouverts guettent Jean-Kiki avec méfiance. On dirait deux bourgeons d'artichaut surveillant un pot de vinaigrette.

– Vous pourriez m'en faire un pour demain ? dit Jean-Kiki.

– Sans problème.

Le lendemain, Jean-Kiki revient. Sans un mot, M. Bricheton pose devant lui un magnifique ours en pain d'épices. La folle tordue fait la moue et tortille du croupion.

– Est-ce que ça serait possible qu'il ait les yeux bleus et la bouche rouge ?

– Je peux vous le faire pour demain, soupire le boulanger.

Le lendemain, l'ours arbore deux jolis yeux bleus en sucre à la violette et une bouche rouge en cerise confite. Jean-Kiki prend une mine gênée.

– Est-ce qu'il serait possible de lui faire une barboteuse en pâte d'amande ?

– Bien sûr, répond M. Bricheton qui commence à se lasser, quelle couleur la barboteuse ?

– Heu... rose !

– D'accord, revenez demain.

Le lendemain, Jean-Kiki entre dans la boutique. L'ours trône en vitrine dans sa barboteuse en pâte d'amande rose.

– Ce qu'il est chou, s'extasie-t-il en sautillant et en tapant dans ses mains.

– Je vais vous l'emballer, dit le boulanger qui a préparé une superbe boîte avec un joli nœud.

– Oh ! c'est pas la peine, dit Jean-Kiki, c'est pour manger tout de suite !

*

Mme Bricheton aimerait bien que M. Mario s'en aille car elle voudrait fermer la boutique. Mais Mario, le beau Mario, fait une dépression nerveuse car il est amoureux d'une bonne sœur. Cela fait une demi-heure qu'il s'épanche au comptoir. Alors elle écoute son histoire de miches en vendant ses dernières baguettes.

– Tous les soirs je la vois qui entre à l'église, dit l'amoureux transi, elle y reste vingt minutes puis elle sort et va au cimetière.

– Vous devriez lui parler, conseille la boulangère, lui dire ce que vous ressentez pour elle.

– Où voulez-vous que je l'aborde, à l'église, au cimetière ?

Mme Bricheton réfléchit. Dans la boulangerie, un silence angoissé règne en maître. On entendrait péter un charançon.

– Je crois que le cimetière serait plus propice à une rencontre, finit-elle par dire.

– Pourquoi, le cimetière ?

– J'ai une idée. Vous allez vous déguiser en bon Dieu avec un drap, une fausse barbe blanche et une auréole en carton. À l'heure prévue, vous vous cacherez dans le cimetière. Lorsque la nonne arrivera, vous sortirez de votre cachette et vous lui déclarerez votre flamme. Subjuguée par votre déguisement, la religieuse tombera dans vos bras en un éclair.

– Vous croyez ? répond Mario le cœur plein d'espoir.

– Mais oui, mais oui, le rassure la brave commerçante, et n'attendez pas, faites ça demain soir.

Rasséréné par ces conseils avertis, Mario se procure le déguisement de bon Dieu. Le soir venu il va au cimetière. Dissimulé derrière une chapelle néogothique en porphyre granité, il enfile son déguisement de bon Dieu et il attend, tapi dans l'ombre [1].

À l'heure prévue, la bonne sœur arrive, les mains enfouies dans ses grandes manches, la cornette flottant au rythme de ses pas comme une mouette, ailes déployées, posée sur sa tête qu'elle garde baissée. Comme elle arrive à sa hauteur, Mario jaillit de l'ombre. La religieuse pousse un cri.

– N'ayez pas peur ma sœur, je suis le bon Dieu !

– Ah ! le bon Dieu ! s'exclame la nonne en s'agenouillant.

Mario la relève et la serre contre lui.

– Je vous aime, ma sœur, roucoule-t-il.

– Râhhh ! moi aussi, je t'aime, rugit la nonne.

Fous d'amour, ils s'embrassent, s'explorent les amygdales à coups de langues, se visitent les rondeurs, et finissent par s'emmêler les pilosités avec une telle rage lubrique qu'en

1. Expression à ne pas confondre avec « Tapie à l'ombre ».

entendant leurs cris le gardien du cimetière attrape une jaunisse.

Lorsqu'ils ont fini, Mario et la nonne pécheresse laissent leurs corps épuisés rouler sur une pierre tombale. Mario se tourne alors vers son aimée.

– Il faut que je t'avoue une chose, dit-il penaud, je ne suis pas le bon Dieu, je suis Mario.

– C'est pas grave, répond-elle, moi je suis pas la bonne sœur, je suis la boulangère.

*

Raoul entre chez la crémière.

– Bonjour, madame, c'est combien la demi-livre de beurre ?

– C'est six quarante !

– Et si je vous prends la motte ?

– C'est ma main sur la figure !

*

Mohamed Charki est barbier à Casablanca. Voyant un touriste parisien en promenade, il l'appelle.

– Entrez, entrez, venez vous faire raser pour deux dirhams.

Le touriste hésite mais devant l'opiniâtreté du Marocain, il accepte et entre dans l'échoppe. Le barbier le fait asseoir sur un grand fauteuil en cuir fatigué face à un miroir qui ne l'est pas moins. Un jeune garçon à la fleur de l'adolescence s'approche en tremblant.

– Voici mon fils, Saïd, dit Mohamed, c'est lui qui va vous raser.

– Heu, je préfère que ce soit vous, dit le touriste en prenant une jolie couleur olive.

– Il faut bien qu'il apprenne le métier, insiste le barbier.

Et le voilà parti dans un discours larmoyant, décrivant la situation apocalyptique dans laquelle il va plonger si son fils ne reprend pas son commerce. On dirait le journal de vingt heures sur TF1. Impressionné, le touriste accepte.

Le Marocain donne un rasoir à son fils. Celui-ci l'affûte maladroitement sur un cuir tendu et s'approche avec mille précautions du visage du Parisien qui avale sa salive. Premier passage de lame qui trace en crissant une route dans la mousse. Tout va bien. Mais au deuxième passage la lame écorche la joue du client qui pousse un cri. Le gamin retire vivement le rasoir.

– Regarde ce que tu as fait, petit crétin, hurle le père, je vais te flanquer une beigne dont tu vas te rappeler.

Le père envoie un terrible coup de poing à son fils. Mais celui-ci se baisse et c'est le client qui le prend en pleine figure.

– Excusez-moi, monsieur, je suis désolé, c'est la faute de Saïd. Mais il va se rattraper.

D'un geste autoritaire, Mohamed Charki ordonne à son fils de recommencer le rasage. Le pauvre gamin, terrassé par la peur, attaque derechef la joue du touriste angoissé. Mais les tremblements de l'apprenti barbier sont si forts que la lame entame encore la peau du touriste. Cette fois le sang gicle. Le Marocain, hors de lui, brandit une batte de base-ball.

– Viens ici, Saïd, je vais te corriger comme tu le mérites.

Le père et le fils se lancent dans une course poursuite autour du Parisien pétrifié. Mohamed assène un grand coup de batte à son fils mais celui-ci se baisse *in extremis* et le touriste prend tout dans les dents.

– Oh ! pardon, je suis désolé, fait le barbier, Saïd va se rattraper.

Il se tourne vers le gamin qui tremble tellement qu'on le voit flou.

– Regarde le fusil qui est accroché au-dessus de la caisse. Eh, bien, si jamais tu coupes encore le monsieur, je t'en flanque une décharge dans le ventre. Allez, au travail.

Le pauvre môme est devenu translucide tant il est pâle. Il s'approche du client et attaque l'autre joue. Hélas ! fatalitas ! le rasoir vient de trancher l'oreille touristique qui tombe à terre. L'adolescent est au bord du sanglot. Mais le touriste dans un réflexe surhumain met son pied sur l'oreille.

– Pas un mot, glisse-t-il à Saïd, ton père n'a rien vu.

*

À Bruges deux magasins de prêt-à-porter viennent d'ouvrir l'un à côté de l'autre. Le premier est wallon, le second est flamand. Pour faire entrer les touristes, le patron du magasin wallon a accroché une pancarte sur la porte :

ICI ON PARLE FRANÇAIS

Voyant cela, le patron du magasin flamand accroche à son tour une pancarte sur sa porte :

ICI ON PARLE PAS, ON TRAVAILLE

*

Gérard arrive chez Momo, son coiffeur. Il s'installe dans le fauteuil.

– Vous allez où en vacances ? demande le papillonnant merlan pour abreuver son client d'une conversation aussi profonde que les pensées de BHL.

– Je pars en Italie !

– En Italie ? Vous êtes fou, s'insurge Momo, ce sont des voleurs. En plus il fait chaud et ça pue.

– Oui, mais moi, j'ai bien envie d'y aller quand même, rétorque Gérard, j'ai vu des photos dans un catalogue, ça m'attire bien.

– Et naturellement vous allez descendre à l'hôtel.

– Ben oui, je vais pas dormir dehors.

– Vous êtes fou, dit le coiffeur en haussant ses épaules maigrelettes, il faut pas descendre dans les hôtels italiens, voyons. C'est sale, il y a des blattes grosses comme ça, ils vont vous extorquer des pourboires énormes, en plus ils ne parlent pas le français.

– Non, mais avec les gestes...

– Mais vous n'y arriverez jamais, il faut pas aller là, c'est nul. Et naturellement vous allez manger la cuisine italienne.

– Ben oui, je vais pas emporter un panier pique-nique. Et puis j'adore les pâtes.

– Les pâtes, hurle le coiffeur, mais vous êtes fou, vous allez être énorme. Et puis ils n'ont aucune hygiène, alors bonjour la tourista.

Gérard, un peu découragé par ce discours fataliste, part tout de même en Italie. Un mois après il revient chez son coiffeur.

– Alors, ces vacances en Italie ? questionne le Paganini du fer à friser.

– C'était génial, dit Gérard, des paysages merveilleux, des hôtels magnifiques, tout est propre, c'est pas cher, les gens sont adorables, la cuisine est un délice. Et en plus on a rencontré le pape.

– Le pape, s'étrangle Momo vexé, vous avez vu le pape ?

– Et il est d'une simplicité, d'une gentillesse, s'extasie Gérard.

– Et vous lui avez parlé ?

– Oui, oui !

– Je voudrais bien savoir ce qu'il a trouvé à vous dire, dit fielleusement le coiffeur.

– Quand je me suis agenouillé devant lui, répond Gérard, il a regardé le dessus de ma tête et il m'a dit : « Mon Dieu, qui c'est qui vous a fait cette coupe de merde ? »

*

Le petit Nono entre dans un magasin de pompes funèbres. Il regarde autour de lui les pierres tombales en marbre noir, les couronnes en plastique fluorescent, les petites bibles en béton, les cercueils en chêne et prix massifs, bref les accessoires qui accompagnent le défunt dans son dernier voyage [2]. Le gamin désigne un crucifix.

– Monsieur ? dit-il au croque-mort qui le guettait comme un corbeau, c'est combien l'avion ?

– C'est pas un avion, dit le croque-mort, c'est un crucifix.

– Il coûte combien ?

– Deux cents francs !

– J'ai que cent francs, dit Nono, vous n'avez qu'à retirer le pilote.

*

Un groupe de clientes impatientes attend l'ouverture de l'épicerie Pinardin.

– C'est pas vrai, clame une rombière accrochée à un cabas à roulettes, il est onze heures, qu'est-ce qu'il fait ?

– Le voilà, lance une voix, mince ! il est à poil.

En effet, M. Pinardin arrive à pied, nu comme un asticot à la naissance. En plus il a une pince à linge sur la zibounette et un bouchon dans le troufignon.

– Qu'est-ce qui vous est arrivé ? demande-t-on.

– Je reviens de l'inspection des impôts, ils m'ont tout pris.

– C'est eux qui vous ont mis la pince à linge et le bouchon ?

– Oui, ils m'ont coupé l'eau et le gaz.

2. Personnellement avec la viande froide, je préfère les cornichons.

Trois chômeurs belges arrivent dans le nord de la France. Passant devant une mine, l'un d'eux montre une pancarte accrochée à l'entrée :

RECHERCHONS MINEURS DE FOND

– Alleï, fait le premier, je crois bien que nous avons enfin trouvé du travail.

– Mineurs de fond, dit le second, mais nous n'avons jamais fait ça, sais-tu.

– Ça ne doit pas être bien sorcier, dit le troisième, et puis, comme disent ces grandes gueules de Français, on n'est pas si cons... dans le fond.

Et il éclate d'un rire jovial. Puis les trois Belges passent la grande grille de la mine et se dirigent vers le bâtiment directorial. Ils entrent dans un bureau où une secrétaire maigrichonne les accueille avec le regard méprisant d'un chat qui vient de trouver une araignée morte dans son Whiskas.

– Bonjour mademoiselle. Nous venons une fois pour l'annonce, fait le premier Belge.

– M. Richard Bonage, le chef du personnel, va vous recevoir dans un instant.

Elle se lève et dirige son fignedé de yorkshire constipé dans le bureau du chef du personnel.

– Monsieur Bonage, l'entend-on dire, j'ai trois candidats pour la mine.

– Faites-les entrer un par un, grommelle l'esclavagiste charbonnier.

– Au premier de ces messieurs, aboie la secrétaire revêche.

Le premier Belge, pas rassuré, entre dans le bureau. M. Bonage est un costaud coiffé en brosse, l'air pas commode. On dirait un percepteur-rugbyman.

– Vous avez déjà travaillé dans une mine ?

– Certainement, répond le Belge.

– À quelle profondeur êtes-vous descendu ?

– À cinquante mille mètres, une fois !

Richard Bonage lève ses yeux injectés de sang et soudain exorbités vers l'outrecuidant.

– Dehors ! J'ai horreur qu'on se foute de moi, hurle-t-il.

Le malheureux demandeur d'emploi se retire sous l'avalanche d'insultes qui s'ensuit.

– Au suivant, couine la secrétaire.

Le deuxième Belge entre dans le bureau du chef du personnel.

– Et vous ? Vous êtes descendu à combien de mètres ?

Le deuxième candidat, ayant assisté au drame du premier, reste modeste.

– À quatre mètres, répond-il.

– Dehors ! abruti, s'égosille Richard Bonage.

– Au suivant !

Le troisième Belge, fort de l'expérience de ses deux collègues, n'attend même pas la question.

– Moi, je suis descendu à trois cent cinquante mètres, dit-il fièrement.

– Ah ! Très bien. Et vous aviez quoi, comme lampe sur le casque, une lampe à acétylène ou une lampe électrique ?

– Ça, je ne sais pas dire, répond le Belge, je n'ai jamais fait partie de l'équipe de nuit.

Joao et Ali ont trouvé du travail. Perchés sur un échafaudage, ils ravalent la façade de la mairie de Saint-Fémoi-les-Burnettes. Ils grattent, sablent, poncent, lessivent.

– Est-ce que jou peux te pouser oune queschtion, demande le Portugais à l'Arabe. Est-ce que tou sais qui est Seti premier.

– Sidi premier ?... Ji sais pas, fait l'Arabe.

– Seti premier, ch'est oun pharaon qui a appartenou à la quatrième dynaschtie et qui a conschtruit les pyramides.

– Comment ti fais por savoir to ça, toi ?

– Jou vais aux cours dou soir, répond Joao.

Le lendemain, les deux ouvriers se retrouvent sur le chantier. Ils montent sur l'échafaudage.

– Est-ce que tou sais qui ch'est le douc d'Aumale ? demande le Portugais à l'Arabe.

– Non, ji sais pas, répond Ali qui s'intéresse autant à cette question qu'aux conséquences de la fermentation de la datte sur la vibration ondulatoire d'une flatulence de dromadaire.

– Le douc d'Aumale, c'était oune militaire qui a captouré la schmalah d'Abd el-Kader en dix-houit chent quarante-trois.

– Comment ti fais por savoir to ça, toi ?

– Jou vais au cours du soir, répond Joao.

Ils reprennent le travail. Après quelques minutes de grattage acharné, Ali appelle Joao.

– Est-ce que ti sais qui est Marcel ? lui demande-t-il.

– Non, avoue le Portugais.

– C'est li gars qui saute ta femme pendant que ti es aux cours di soir.

*

Afin de faire baisser le chômage [1], l'ANPE de Saint-Fémoi-les-Burnettes a convoqué quelques demandeurs d'emploi.

---

1. Erratum : Lire « Afin de faire baisser le chauffage », car si on pouvait faire baisser le chômage, ça se saurait. *(Ndl'E.)*

– Monsieur Gadeveau, dit Alain Térim, le chef d'agence.

Un type genre pète-sec se présente devant lui.

– Quelle était votre dernière activité professionnelle ? lui demande-t-il.

– Adjudant dans l'armée française.

– Vous savez compter jusqu'à combien ?

– Jusqu'à deux, répond le militaire, une, deux, une, deux, une, deux, section halte !

– C'est noté. Au suivant. Monsieur Kouadneuf.

– Docteur Kouadneuf, docteur, répond ce dernier.

– Vous étiez médecin ?

– Eh oui !

– Vous savez compter jusqu'à combien ?

– Trente-trois.

– Merci, dit le chef d'agence en remplissant sa fiche, au suivant. Monsieur Vaudou.

– Moi j'étais fonctionnaire à la préfecture, dit-il.

– Vous savez compter jusqu'à combien ?

Le fonctionnaire s'élance.

– Deux, trois, quatre, cinq, six, sept, huit, neuf, dix !

– Et après dix ?

– Valet, dame, roi, as !

*

Robert a trouvé un emploi de chauffeur à l'ambassade du Jéldarkistan. On lui confie une belle Safrane noire qu'il lustre avec amour et avec laquelle il emmène tantôt madame l'ambassadrice faire du lèche-vitrines, tantôt monsieur l'ambassadeur faire du lèche-ministres.

C'est au cours d'un de ces déplacements que Robert, voyant un troupeau de piétons prêts à traverser à un passage prévu à cet effet, s'arrête pile à leur hauteur pour les laisser passer. Le groupe traverse – en faisant la gueule puisqu'on est à Paris – mais l'un d'eux reste du côté droit en faisant des grimaces idiotes.

– Dites donc, lance Robert par sa vitre ouverte, vous voyez bien que je me suis arrêté pour vous laisser passer, alors allez-y au lieu de faire l'andouille.

– Je veux bien, répond l'homme d'une voix blanche, mais je ne peux pas. Votre roue avant droite est sur mon pied.

*

En ramenant monsieur l'ambassadeur et sa femme à la maison, Robert aborde l'avenue Foch un peu rapidement. Un piéton ne l'a pas vu et, bondissant sur la chaussée, il se fait faucher [2]. Le chauffeur arrête la limousine. Il en descend mais voit l'homme se redresser sur son séant.

– Je n'ai rien, je n'ai rien, dit-il.

– Tant mieux, dit Robert, mais faites attention !

– Pourquoi, demande l'autre, vous allez reculer ?

*

Raoul le dégueulasse n'a plus un sou pour boire un coup, ni pour payer l'ardoise ou plutôt le tableau noir qu'il a au Joyeux-Toulousain. Au moment où il s'apprête à songer qu'il se pourrait qu'un jour il dusse réfléchir à l'éventualité d'une hypothétique inscription sur la liste des demandeurs d'emploi, M. Bastaing l'engage comme garçon au Joyeux-Toulousain. Un jour, un client observe Raoul tandis qu'il essuie les verres au fond du café.

2. Se faire faucher avenue Foch, c'est bête. Il aurait mieux fait d'aller rue de la Pompe.

– Hé, dites, piaffe le client, vous êtes dégueulasse. Vous essuyez les verres avec votre mouchoir.

– Ça fait rien, répond Raoul, je ne m'en sers plus pour me moucher, y a plus un coin de sec.

*

Alain Térim est heureux. André, Fernand et Gérard, inscrits sur les listes de l'ANPE de Saint-Fémoi-les-Burnettes, ont trouvé un emploi de vendeur. Ils sont venus lui rendre visite pour fêter leur première année de travail.

– Moi, dit André, j'ai réussi à vendre des réfrigérateurs à une tribu d'Esquimaux.

– C'est pas mal, dit Fernand, mais moi, j'ai fait mieux. En pleine jungle de Nouvelle-Guinée, j'ai vendu des radiateurs électriques à une tribu de Papous.

– Vous êtes très forts, dit M. Térim enjoué.

Il se tourne vers Gérard qui se contente d'arborer un sourire supérieur. On dirait un tennisman français après une victoire contre le deux cent quatorzième joueur mondial.

– Et vous, qu'avez-vous vendu ?

– J'ai fait beaucoup plus fort que ces messieurs, lâche Gérard, il y a un an, j'ai vendu un coucou suisse à un Belge.

Le chef d'agence et les deux autres vendeurs pouffent.

– Qu'y a-t-il de si extraordinaire à ça ?

– Ce qu'il y a d'extraordinaire, reprend Gérard, c'est que, depuis, je lui vends dix kilos de graines par semaine.

*

Nono a maintenant dix-huit ans. Ne sachant trop quel métier choisir, il envisage de devenir chômeur. Son père, ne l'entendant pas de cette oreille, saisit Nono par une des siennes et l'emmène dans le bureau du directeur d'un grand hôtel qui cherche un groom. L'engagement une fois conclu, l'adolescent enfile l'uniforme bleu marine à galons dorés et se coiffe du petit chapeau cylindrique à jugulaire noire sous l'œil mi-clos du concierge à la raideur de poireau congelé.

– Le premier enseignement qu'il vous faut acquérir, dit le concierge d'une voix feutrée, c'est le tact. C'est la principale qualité du personnel d'un hôtel comme le nôtre.

– C'est quoi le talc ? demande Nono en enfournant un chewing-gum dans sa bouche.

– Le tact, corrige le concierge en plongeant avec calme et fermeté ses doigts gantés de blanc dans la bouche de Nono pour en retirer le chewing-gum. Je vous explique : si vous entrez dans une chambre et que vous surprenez par mégarde une cliente entièrement nue, afin qu'elle pense que vous n'avez rien vu de son intimité, dites en sortant : « Excusez-moi, monsieur ».

L'apprenti groom se le tient pour dit.

– Il faut monter un whisky à la chambre 712, dit la réceptionniste en raccrochant son téléphone.

La mission est confiée à Nono. Il prend un plateau en argent sur lequel le barman dépose un verre de whisky et se rend à ladite chambre. Il entre aussitôt après avoir frappé et surprend ainsi un couple de jeunes mariés dans la position du blaireau dans la taupinière. Un instant saisi par l'incongruité de la situation, Nono se rappelle la leçon de tact.

– Hum, hum, fait-il pour attirer l'attention du couple, le whisky c'est pour lequel de ces messieurs ?

*

Depuis qu'il a trouvé cet emploi de vendeur, Gérard fait des merveilles. Il revient de chaque voyage avec des commandes par centaines. Ses notes de frais sont un peu élevées mais le patron ferme les yeux. Seulement cette fois, Gérard a exagéré. Le patron le convoque dans son bureau.

– Que vous me comptiez deux mille cinq cents francs d'hôtel et de restaurant, passe, trois mille francs de péage d'autoroute, passe encore. Mais ça veut dire quoi « Pute... huit cents francs » ?

– Monsieur le directeur, argumente Gérard, comme vous le savez, je suis un célibataire. Il m'arrive parfois, en voyage, d'avoir envie de me secouer la petite bouteille ronde autrement qu'à la main. Eu égard au chiffre d'affaires que je réalise, j'ai pensé que vous pourriez m'offrir ce petit plaisir.

– Bon, bon, dit le patron qui a peur de voir partir un si bon vendeur, c'est d'accord. À partir d'aujourd'hui, je vous rembourserai vos galipettes.

Et, pendant des mois, Gérard donne régulièrement des notes de frais où l'on peut lire « Pute, huit cents francs ». Somme qui lui est remboursée comme convenu.

Mais un jour le patron prend sa retraite. Il cède sa place à un jeune cadre pisse-froid qui tombe sur la note de frais de Gérard. Il le convoque sur-le-champ dans son bureau.

– Vous n'allez pas me dire que mon prédécesseur vous payait des filles de joie, claironne-t-il.

– Si, monsieur le directeur, mais si vous ne voulez pas me les rembourser, je suis tout disposé à aller exercer mes talents ailleurs.

– Non, non, surtout pas, supplie le jeune garçon qui vient de comprendre que Gérard le tient par la bourse.

Il respire un grand coup et se ressaisit.

– Vous pourriez simplement, dans un souci de pudeur, mettre autre chose que « Pute huit cents francs » sur votre note de frais. Mettez donc « chasse » à la place, je saurai ce que ça veut dire.

Gérard accepte et pendant des mois il met sur ses notes de frais : « Chasse huit cents francs. »

Mais un jour, le directeur voit arriver une note de Gérard sur laquelle il peut lire : « Chasse huit cents francs, réparation du fusil mille francs. »

*

Gérard le vendeur se présente chez Mme Chabro. Dès que la porte s'ouvre, il pénètre dans l'appartement comme un légionnaire dans une chèvre et assène son boniment à la brave femme avec une diabolique vivacité.

– Bonjour, madame, je viens vous présenter le Super-Turbo-Tubar 9000, un aspirateur entièrement révolutionnaire...

– J'ai déjà un aspirateur, tente Mme Chabro.

– Oui, mais celui-ci possède des performances phénoménales qui vont vous faire regretter de ne pas l'avoir acheté plus tôt...

– Inutile de perdre votre temps monsieur, ça ne m'intéresse pas.

Elle réussit à repousser Gérard sur le palier et lui claque la porte au nez.

Le lendemain, à la même heure, on sonne chez Mme Chabro. Elle ouvre. C'est encore Gérard et son aspirateur.

– Bonjour, madame, lance-t-il, je viens vous présenter le Super-Turbo-Tubar 9000, un aspirateur entièrement révolutionnaire...

– Vous êtes déjà passé hier monsieur.

– Vous avez donc eu le temps de réfléchir.

– Oui et je n'ai pas changé d'avis.

À nouveau, Mme Chabro claque la porte au nez du vendeur. Mais pendant six mois, tous les jours, Gérard s'acharne sur la pauvre femme comme un juge d'instruction de droite sur un ancien ministre de gauche et inversement. Un jour, découvrant encore Gérard sur le pas de sa porte Mme Chabro éclate.

– Ah ! vous commencez à me chauffer la moumoute, hurle-t-elle. Vous allez me ficher la paix avec votre aspirateur ou je vous colle le tuyau dans le troufignon et je le branche.

– Ne vous inquiétez pas, madame, réplique Gérard avec un grand sourire, vous ne me verrez plus car j'ai trouvé un autre travail.

– Tant mieux, fait Mme Chabro soulagée.

– Je suis juste venu vous présenter M. Godillard qui va me succéder.

Un gros chauve moustachu s'avance alors.

– Bonjour, madame, fait-il, je viens vous présenter le Super-Turbo-Tubar 9000, un aspirateur entièrement révolutionnaire...

HISTOIRES DE TROIS COPINES

Christèle, Brigitte et Cathy sont trois jeunes femmes célibataires. Elles se donnent des allures de petits chaperons rouges pour piéger le loup et lui tirer la chevillette en lui faisant choir sa paire de bobinettes, comme disait le comte d'Apéro.

Elles aiment se rencontrer au cours de dîners bien arrosés où elles étalent leurs aventures sexuelles du week-end.

– Samedi soir, dit Christèle, j'ai rencontré un basketteur. Un grand Noir. Il est venu dîner chez moi et après il m'a niquée, il m'a niquée. Un vrai bonheur.

– Moi, c'était un petit, tout musclé, raconte Brigitte, équipé d'un démonte-pneu de chez Grizzly. Il m'a niquée, il m'a niquée...

– Moi je suis tombée sur une bête, dit Cathy, un sado vicieux, j'adore ça. Il m'a frappée, il m'a attachée, et il m'a niqué... ma télé, mes bijoux, ma chaîne stéréo, tout.

*

Christèle n'en croit pas ses yeux. C'est bien Rambo lui-même, en chair et en muscles, qui vient d'entrer dans la boîte de nuit. Il avance sous les projecteurs de couleur qui tournoient au rythme de la techno, faisant saillir ses biceps, triceps, pectoraux, deltoïdes et tout son petit matériel de combat étroitement serré dans un jean tellement moulant qu'on le croirait peint sur lui. Rambo s'approche de Christèle. Il a du désir plein les yeux.

– Bonsoir, mademoiselle, feule-t-il d'une voix rauque, puis-je vous offrir un verre ?

– Ben, c'est-à-dire, commence-t-elle.

Mais Rambo l'interrompt.

– Oaaah ! Pourquoi perdre du temps. Allons tout de suite chez moi.

– Attendez, dit Christèle avec un air ennuyé, je ne peux pas ce soir, comment dire heu... j'ai mon cycle.

– C'est pas grave, répond Rambo, moi j'ai ma Jeep, vous n'aurez qu'à me suivre.

*

Cathy est passée prendre Brigitte chez elle pour aller en boîte.

– Dis donc, t'es habillée vachement court, dit Cathy en voyant la micro-jupe de sa copine.

– Et c'est pas tout, regarde.

La coquine se baisse pour faire admirer ses fesses à Cathy.

– Mais t'as pas mis de culotte, t'es folle !

– Et alors, réplique Brigitte, quand tu vas au concert, tu mets pas des boules Quies.

*

C'est le printemps à Saint-Fémoi-les-Burnettes. Le cirque Bouldegum a monté son chapiteau sur la place du marché. Le patron, Boris, fait visiter sa ménagerie à Brigitte dont les rondeurs appétissantes ne laissent pas le forain indifférent. D'autant plus que la pulpeuse dévergondée se penche de temps à autre vers les cages pour dévoiler tantôt un sein par son décolleté plongeant, tantôt une fesse sous sa minijupe.

– Voilà les zèbres... ici les tigres... et là les otaries, commente Boris en bavant comme un crapaud au bord de l'apoplexie, penchez-vous au-dessus du bac, vous les verrez mieux.

– Qu'ils sont mignons !

– Et voilà Zara, ma guenon et Kong le chimpanzé, dit Boris en désignant une cage où les deux singes énervés par le printemps sont en train de copuler à la vitesse d'une machine à coudre.

– Bon sang, souffle Boris rouge d'excitation, qu'est-ce que j'aimerais en faire autant.

– Oh ! ben, vous gênez pas, répond la gourgandine avec un sourire.

Boris n'en croit pas ses oreilles.

– C'est vrai, je peux, vous voulez bien ?

– Bien sûr ! Allez-y ! Après tout, c'est votre guenon.

*

Ça y est, Christèle croit avoir trouvé l'homme de sa vie. Elle réunit ses deux copines pour leur raconter.

– Il s'appelle Gaston, dit-elle, il travaille dans un cirque.

– Dans un cirque, répète Cathy avec une grimace, qu'est-ce qu'il fait ? Acrobate ? Dompteur ?

– Il fait le faux cheval avec un autre type dans un numéro de clown.

– Comment ça le faux cheval ?

– Ben oui, ils sont tous les deux dans une combinaison avec une tête de cheval et une queue.

– Je parie qu'il fait la queue, veinarde ! plaisante Brigitte.

– Je t'explique, continue Christèle, devant, il y a un gars qui fait les pattes avant et Gaston est penché derrière lui. Il le tient par la taille pour faire les pattes arrière.

– Ben, dis donc, fait Cathy consternée, c'est pas bien brillant comme situation.

– Oui mais il vient d'avoir une promotion. À partir de demain il fait les pattes avant.

*

La mère de Cathy et la mère de Brigitte sont chez le coiffeur. Elles attendent que leurs racines se décolorent, les cheveux dressés sur leurs têtes en petites mèches enduites de crème blanche qui pue l'ammoniaque. On dirait deux yorkshires qui se sont roulés dans une poubelle de poissonnerie.

– Alors, comment va votre fille Cathy ? demande la seconde à la première.

– Elle a passé son bac S, elle est entrée à l'I.U.T. où elle prépare un D.U.T. avec stage au C.N.R.S. ce qui va lui permettre de trouver une place de D.G. à vingt-cinq K.F.

– Ah ! c'est bien !

– Et votre fille Brigitte, qu'est-ce qu'elle devient ? demande à son tour l'autre mère.

– Elle a fait un B.T.S., un D.E.A., et après un stage de V.R.P. elle est entrée à H.E.C. parce qu'elle va devenir P.-D.G., gagner cinquante K.F. et s'acheter une CX.

– Ah ! c'est bien aussi !

La patronne du salon de coiffure qui surveillait ses ouailles s'approche des deux clientes en roulant sa grosse masse parfumée chez Vulgos.

– Eh ben, moi, je vais vous dire ce qu'elle devient, ma fille, s'exclame-t-elle d'une voix de poissarde, elle habitait une H.L.M. et elle gagnait le R.M.I. Mais elle vient de s'acheter deux F4 en duplex et une B.M. GTI parce qu'elle se fait cent cinquante K.F. rien qu'avec son Q.

Georges est célibataire. Il a tout pour lui, une belle situation, un physique agréable, des attributs qui feraient la joie des jeunes filles pubères cherchant un bigoudi pour leur mise en plis. Mais, hélas ! il a une haleine épouvantable, la caisse du chat sur la langue. Il schmoute tellement du clap que personne ne veut plus le voir. Quand il prend le métro pour aller au travail, il a un wagon pour lui tout seul. Il arrive au bureau, ses copains le fuient. Lorsqu'il téléphone, il entend son interlocuteur tomber dans les pommes. Alors, n'en pouvant plus, Georges écrit au docteur Gustave von Beurk, spécialiste des haleines fétides.

Quelques jours passent et un beau matin, il reçoit au courrier une petite fiole contenant un liquide vert foncé. Le docteur von Beurk lui explique dans la lettre qui l'accompagne que la fiole contient de l'huile essentielle de sapin. Il suffit d'en mettre quelques gouttes derrière chaque oreille et l'haleine fétide disparaît.

Georges est aux anges. Il va pouvoir enfin reprendre une vie sociale normale. Il file à la salle de bains. Après s'être lavé les dents huit fois et s'être rincé la bouche avec la pomme de douche, il met derrière chacune de ses oreilles dix gouttes d'huile essentielle de sapin du docteur von Beurk. Puis il s'habille élégamment et se précipite dans la première boîte de nuit venue pour draguer. Il y a tellement longtemps qu'il n'a pas dégainé sa Durandal qu'il a les baboules comme des citrouilles. C'est plus un slip qu'il lui faudra bientôt, c'est une brouette. D'un coup d'œil il repère Brigitte et sa micro-jupe. Il s'approche.

– Je peux vous offrir un verre ? commence-t-il.

La jeune fille le regarde et se met à renifler.

– Ça sent une drôle d'odeur, dit-elle.

– Ah ! vous trouvez, dit Georges qui sait que l'huile de sapin derrière chaque oreille le protège, d'après vous qu'est-ce que c'est ? Devinez !

Brigitte s'approche du visage de Georges et renifle à nouveau.

– C'est marrant, dit-elle, on dirait quelqu'un qui a fait caca entre deux sapins.

*

Georges rentre chez lui où l'attend Brigitte qui est devenue sa compagne. Il arbore un sourire sponsorisé par Colgate.

– Je viens de gagner un million au loto, dit-il, vite fais ta valise !

– Où va-t-on, demande-t-elle joyeusement, à Tahiti ? À Venise ? Je prends quelles affaires ?

– Toutes ! Tu te barres !

*

Georges est donc redevenu célibataire. Un matin, il se lève et se contemple nu devant son miroir.

– Ah ! Georges ! Quel athlète !

Il prend sa douche et revêt son plus beau costume. Puis il sort et monte dans sa Lamborghini qu'il conduit en souplesse.

– Ah ! Georges ! Quel pilote !

Il arrive au couvent de Saint-Fémoi-les-Burnettes. Il frappe à la porte. Un judas s'ouvre et la tête d'une religieuse apparaît.

– Bonjour, ma mère, dit Georges, je viens voir ma sœur Suzanne car je voudrais qu'elle me donne les adresses de ses copines. En effet, je suis célibataire depuis peu et...

– Ce n'est pas possible mon fils, coupe la religieuse.

– Mais pourquoi ?

– Votre sœur ne s'appelle plus Suzanne mais sœur Marie-Joseph du Saint-Sacrement. Elle est maintenant l'épouse de Notre Seigneur.

– Ah !

Et le judas se referme. Georges rejoint sa voiture et se regardant dans le rétroviseur extérieur, il dit en souriant :

– Ah ! Georges ! Quel beau-frère !

*

Avec tout son argent, Georges s'est payé une croisière de rêve. Hélas ! le capitaine est un ivrogne. Comme il n'a plus de glaçon pour mettre dans son whisky, il fait route vers le pôle Sud où il espère bien rencontrer un iceberg. La rencontre espérée étant un peu violente, le navire coule. Heureusement, Georges réussit à embarquer dans un canot de sauvetage avec une belle quantité de matériel et de provisions. Après quelques jours de mer, il accoste dans une île du Pacifique. L'île est grande, accueillante et le climat tempéré. Alors Georges s'installe. Il construit une cabane spacieuse et lorsqu'il a fini, il aperçoit une chaloupe qui s'approche de sa plage. Une somptueuse blonde la conduit à grands coups de rames.

– C'est pas possible ! s'exclame Georges, mais c'est Claudia Schouffleur en personne.

Il court à toutes jambes vers la plage pour aider le top-model à accoster. Miracle. C'est bien elle. Georges en tremble d'émotion.

– J'étais en croisière avec mon mec qui est magicien, explique-t-elle, il a voulu faire disparaître le paquebot et voilà le travail.

Aussitôt, Georges déploie tous ses charmes. Il prépare un dîner exceptionnel. Caviar, champagne, petites huîtres des récifs en sabayon de Meursault, outarde de l'île en farce aux épices sauvages, le tout accompagné d'un chassagne-montrachet 85 à tomber par terre. C'est d'ailleurs ce que fait la belle Claudia à la fin du repas. Georges en profite et grisée par les plaisirs, le top-model finit par céder à ses avances. Après tout, ils sont sans doute là pour des mois, peut-être des années.

Après une semaine d'amour passionné, Claudia aperçoit Georges assis sur le sable, recroquevillé sur lui-même, le menton posé sur ses genoux. Il a l'air si seul avec son regard de chien battu perdu à l'horizon. On dirait un saint-bernard-l'ermite. Alors elle vient s'asseoir près de lui.

– Qu'est-ce qui t'arrive, mon chéri ? lui demande-t-elle.

– Rien, rien, grommelle-t-il.

– Dis-moi je t'en prie !

Georges prend un temps.

– Tu voudrais pas t'appeler Robert ? finit-il par demander.

– Robert ? Pourquoi Robert ?

– J'ai besoin d'un copain !

Claudia hausse les épaules et lève les yeux au ciel.

– Bon d'accord, je m'appelle Robert.

Le visage de Georges s'éclaire soudain. Il devient brusquement tout excité.

– Robert ! Hé, Robert ! dit-il.

– Oui, Georges, dit Claudia-Robert, qu'y a-t-il ?

– Si tu savais avec qui je sors en ce moment !!!

*

Claudia et Georges viennent de rentrer en France. Elle a retrouvé son magicien et lui sa solitude. Il entre dans un café et commande une bière. Du bar où il s'est installé, Georges aperçoit une splendide brune assise en terrasse. Elle est en train d'écrire, devant un thé au lait. « Boum, boum » fait le cœur de Georges. C'est l'amour qui frappe à l'aorte. Il s'approche de la jeune femme et discrètement lui dit :

– Bonjour, mademoiselle. Excusez-moi de vous déranger. J'ai vu que vous étiez seule, moi aussi. Je suis du signe des Gémeaux et je souffre de solitude alors je crie : « J'ai mal. »

L'humour de Georges laisse la brune de marbre.

– Me permettez-vous de vous offrir un verre ? ajoute-t-il.

– Non mais dites donc, hurle soudain la jeune femme, vous me prenez pour une pute ou quoi ?

C'est comme si la banquise venait de tomber sur la tête de Georges. Rouge de honte et vert d'humiliation, il ne lui manque plus qu'un bâton dans le troufignon pour qu'il ressemble à un Esquimau pistache-fraise. Sans demander son reste, il se replie vers son demi de bière qui l'attend sur le bar. Quelques minutes plus tard, alors que Georges s'apprête à rentrer chez lui, il voit avec étonnement la jolie brune se lever et s'approcher de lui.

– Excusez-moi pour tout à l'heure, dit-elle à voix basse, je vous dois une explication. Je suis étudiante en psycho-sociologie et je suis en train de faire une thèse sur la réaction des gens face à la violence verbale. Voilà pourquoi je me suis permis de vous utiliser comme cobaye. Pour me faire pardonner, c'est moi qui vous paye un verre...

Alors Georges se met à hurler :

– Deux mille balles pour une pipe ? Non mais ça va pas ?

*

« Pour trouver l'amour quoi de mieux que Tropico Tours. » Séduit par l'affiche bleu azur où, sous un cocotier déplumé, miss Vulgos agite ses glandes mammaires comme des maracas en pâte à modeler, Georges entre dans l'agence de voyages. Il prend un billet pour les tropiques et se retrouve quelques jours plus tard à l'*Hôtel Tropico* au Boundala. Allongé sur le ventre au bord de la piscine, il regarde une très belle métisse aux seins nus qui prend le soleil non loin de là. Cette vision féerique traverse le nerf optique de Georges, entre dans son bulbe céphalo-rachidien, celui-ci stimule les gonades et enclenche le gonflement du corps caverneux. Et voilà notre célibataire comme soulevé par un cric. La jolie métisse tourne alors la tête vers lui.

– Vous n'auriez pas une petite érection par hasard ? demande-t-elle avec un grand sourire.

– Ben, oui ! fait Georges.

– Ici, on consomme tout de suite, dit-elle.

Elle se lève et retourne Georges sur le dos. Puis elle lui arrache son maillot et exécute successivement sur lui la position du bilboquet à ressort, celle de la Cocotte-minute à manivelle, celle de l'épouvantail à pruneaux et bien d'autres encore qui laissent Georges anéanti au bord de la piscine.

Le soir venu, Georges s'habille et se rend au bar. Un grand Noir en smoking blanc attend les commandes sur fond de bouteilles multicolores.

– Une coupe de champagne, dit Georges.

Mais la cuisine tropicale lui travaillant les tubulures, il ne peut retenir une flatulence que le grand Noir entend distinctement.

– Ici, on consomme tout de suite, dit-il.

Il sort de derrière son bar, prend Georges par le col et l'emmène dans un coin sombre où il le viole brutalement en le secouant comme un shaker.

Le lendemain, Georges fait ses valises et quitte l'*Hôtel Tropico*.

– Pourquoi partez-vous maintenant, lui demande le directeur désolé, quelque chose vous a déplu ?

– J'aime bien votre hôtel, explique Georges, mais comme je bande une fois par semaine et que je pète dix fois par jour, je n'ai pas le choix.

*

Quatorze Juillet à Saint-Fémoi-les-Burnettes. Un bal a été organisé par la mairie. Georges s'y rend pour tenter de trouver l'âme sœur. Sous les lampions qui dansent au gré du vent et qui semblent bouger au rythme de la valse musette, notre célibataire aperçoit une jolie jeune fille, assise seule à l'écart. Voilà une proie bien facile, sur laquelle le dragueur n'a qu'à fondre comme un asticot affamé sur un camembert fait à cœur.

– Mademoiselle, puis-je me permettre de vous inviter à danser ? propose-t-il galamment.

– Avec plaisir, monsieur, répond la jeune femme en sautant de sa chaise.

« Mince, se dit Georges, elle est pas grande. Elle serait maquillée en bleu, on la prendrait pour la Schtroumpfette. »

Tout en faisant tourner doucement sa petite cavalière, Georges cherche à imaginer les positions acrobatiques qu'il va réaliser avec elle. Mais la voilà tout d'un coup qui grandit, qui grandit.

– Ben, dites donc ! fait Georges sidéré, c'est la danse qui vous fait cet effet ?

– Oui, répond timidement la jeune femme.

Puis elle ajoute :

– Est-ce que vous pouvez tourner dans l'autre sens, j'ai ma jambe de bois qui se dévisse.

*

Georges et son copain Gilbert sont en vacances à Las Vegas. Un soir, dans un casino, ils draguent deux superbes filles. Pendant qu'elles vont tortiller du croupion devant les machines à sous, les deux copains se font des confidences.

– C'est dans la poche, fait Georges.

– Je te parie que je vais sauter la mienne plus longtemps que toi, dit Gilbert.

– C'est ce qu'on verra à l'hôtel demain matin au petit déjeuner.

– Oui, mais si elles descendent avec nous, comment faire pour savoir combien de fois chacun de nous a fait l'amour sans en parler ouvertement ?

– Eh bien, chacun prendra au buffet autant de croissants que de coïts.

Et les deux copains emmènent les filles à leur hôtel.

Le lendemain matin, les deux couples se retrouvent à une table de petit déjeuner. Georges revient au buffet avec dans son assiette trois croissants.

– Ah ! tu as pris trois croissants, fait remarquer Gilbert d'un air amusé.

Il va à son tour au buffet et en revient avec une assiette dans laquelle Georges constate avec amertume qu'il y a trois croissants et un pain au chocolat.

*

Pour tenter de charmer un jeune mannequin suédois nommé Grette, Georges l'emmène dîner au Joyeux-Toulousain.

– Je vais prendre un cassoulet, dit-il à son invitée, c'est le meilleur de Paris.

Grette, soucieuse de sa ligne, se contente d'un poireau vinaigrette.

La discussion va bon train entre les deux jeunes gens. Mais, arrivés au fromage, voilà le cassoulet qui fait des siennes. Georges a beau serrer les fesses, impossible de retenir plus longtemps la pression. Adroitement, il laisse échapper une vesse discrète. Mais si la partie sonore est habilement étouffée par un sphincter équipé d'ABS, il n'en est pas de même de la partie olfactive.

« Il me faut un bouc émissaire », pense Georges. Faute de bouc, il trouve un chien. Une espèce de vilain pékinois appartenant à une rombière emplumée qui mange à une table voisine.

– Oh ! qu'il est joli le chien-chien, dit-il en lui tendant un bout de viande.

Le pékinois alléché rapplique. Il était temps, les effets nauséabonds de la flatulence viennent de se faire sentir.

– Ah ! qu'est-ce qu'il pue ce chien ! clame Georges en prenant une mine dégoûtée.

La Suédoise fusille le pékinois du regard. Georges pensait en rester là mais au dessert il est à nouveau sollicité par un échappement intempestif. Et même plus pestif que intem. Il rappelle le roquet avec un bout de viande qu'il a gardé par prudence. Le chien revient. Georges réitère son largage qui n'a de discret que le bruit, au risque de détériorer le détecteur de pollution le plus proche.

– Ah ! ce chien est immonde ! s'insurge-t-il hypocritement.

Grette hoche la tête en signe d'approbation. On sert le café mais le ventre de Georges yoyote à nouveau. Il rappelle le pékinois qui s'approche pour quérir un sucre. Georges envoie une nouvelle fusée nauséabonde. À cet instant la rombière emplumée rappelle son chien d'une voix tonitruante.

– Kiki ! Reste pas près du monsieur, voyons, il va te faire dessus.

Le docteur Caligula fait entrer un patient dans son cabinet.

– Bonjour docteur, dit l'homme au psychiatre, je viens vous voir parce que ma femme prétend que, parfois, je me prends pour un chien.

– Quel genre de chien ? demande le docteur.

– Un colley.

– Bon, allongez-vous sur le divan, nous allons parler de ça.

– Non ! non ! J'ai pas le droit de monter sur le divan, à cause des poils.

*

Le docteur Caligula vient d'être nommé directeur de l'hôpital Anton-Hoir [1], hôpital psychiatrique de Lagranville. Afin de faire connaissance avec ses malades, il fait un tour d'inspection

1. Anton Hoir : psychiatre français auteur de travaux sur le dégivrage des araignées au plafond.

en commençant par le parc. Un magnifique chêne tricentenaire trône au milieu de la pelouse qui s'étend devant le bâtiment comme un tapis vert de roulette dont les joueurs ont perdu la boule. Dessous, le médecin aperçoit deux malades pendus par les mains à une grosse branche. Il s'en approche.

– Eh bien, messieurs, leur dit-il, qu'est-ce que vous faites là ?

– Nous ? On fait les roubignoles de l'arbre, répond l'un des malades.

L'image intrigue le docteur qui décide de pousser plus avant son questionnaire médical.

– Si vous êtes des roubignoles, où est la zibounette ?

Et les deux fous répondent en chœur :

– Partie faire pipi !

*

Le malade qui vient d'être amené à l'hôpital Anton-Hoir ne cesse de répéter : « Paf ! dans les carreaux, paf ! dans les carreaux !... »

– Qu'a fait cet homme ? demande le docteur Caligula aux infirmiers qui l'escortent.

– On l'a attrapé en ville alors qu'il s'amusait à jeter des pierres dans les vitrines.

Après avoir réfléchi sur ce cas peu banal, le psychiatre fait subir au lanceur de cailloux un traitement de choc. On l'attache à une chaise et on l'oblige à écouter tous les disques de Dorothée pendant trois jours. L'électro-encéphalogramme du malade étant devenu le même que celui d'une botte de poireaux, le docteur Caligula l'interroge.

– Imaginons, cher ami, que vous vous promeniez sur un chemin de pierres. Vous passez devant un château avec de grandes fenêtres...

Le malade l'interrompt.

– Je ramasse des cailloux, hurle-t-il, et paf ! dans les carreaux.

Sur un signe du médecin, deux infirmiers baraqués saisissent aussitôt le malade et le ramènent dans sa cellule.

Trois mois plus tard, après un traitement plus dur qui consiste à lire tout Bernard-Henri Lévy en écoutant l'œuvre intégrale de Pierre Boulez, le malade n'a pas plus d'agressivité qu'une tête de veau sauce gribiche. Le docteur l'interroge pour la seconde fois.

– Imaginez, cher ami, que je vous relâche aujourd'hui.

– Il faudrait être sûr que je sois vraiment guéri, dit le malade d'une voix sereine.

Étonné, le médecin poursuit :

– Imaginons donc que vous soyez guéri. Pour revenir à une vie normale, que faites-vous ?

– Je m'achète des vêtements neufs afin d'oublier totalement mon ancienne personnalité.

– Bien, fait le psychiatre satisfait du résultat de son traitement, et ensuite ?

– Je sors beaucoup. Je vais en boîte, je danse, je rencontre une jeune femme.

– Intéressant. Et que faites-vous avec elle ?

– Je la raccompagne chez elle. Mais lorsque nous arrivons au pied de son immeuble, je lui déclare ma flamme.

– Très bien ! Et ensuite !

– Tandis que nous nous embrassons, d'une main experte, je dégrafe son soutien-gorge.

– Et après ?

– Après, après ?.... Je mets des cailloux dans les bonnets, je fais comme Thierry la Fronde et paf ! dans les carreaux.

*

Le ministre de la Santé débarque en grande pompe à l'hôpital Anton-Hoir. Très honoré de cette visite surprise, le docteur Caligula lui fait découvrir les installations.

– Afin de me rendre compte si les subventions que vous recevez vous sont réellement utiles, dit le ministre, j'aimerais bien voir quelques malades en voie de guérison.

Le docteur Caligula blêmit. Son teint passe successivement de celui de la glace au navet à celui du sorbet à la betterave.

– Mais bien entendu, bêle-t-il, par ici monsieur le ministre.

On ouvre une première cellule capitonnée. Le ministre et sa suite y entrent. Un malade se tient à cheval sur un gros lapin blanc qu'il a posé sur un tabouret. Il lui tient les oreilles comme un guidon et la tête baissée, il imite le bruit de la moto.

– Brâm, Brâââm, Brââââââ...

– Vous avez une bien curieuse méthode de soins, dit le ministre au psychiatre qui prend un air aussi naturel qu'une limande sole dans une boîte aux lettres. On continue la visite. Dans la cellule suivante, le second fou est debout près d'un tabouret sur lequel se trouve un gros lapin blanc. Il lui tient aussi les oreilles comme un guidon et du pied gauche il actionne une pédale imaginaire en faisant le bruit de la moto qu'on démarre. Puis brusquement il actionne l'oreille droite de l'animal, l'enfourche et hurle :

– Brââââââ...

Le ministre est consterné.

– Et vous obtenez des résultats ? demande-t-il au docteur qui aussitôt se met à sautiller en rougissant.

– Ah ! mais bien sûr, bien sûr, d'ailleurs vous allez voir.

On passe à la troisième cellule. Étonnement. Le malade qui s'y trouve est assis sur son tabouret. Il tient son lapin blanc dans ses bras et le caresse avec tendresse.

– Bravo ! fait le ministre au médecin soulagé.

Puis il se tourne vers le malade.

– Bonjour, monsieur, lui dit-il doucement, qu'est-ce que vous tenez dans les bras ?

– Ben, c'est mon lapin, répond l'autre avec un grand sourire.

– Vous êtes sûr que c'est un lapin ?

– Ah oui ! pourquoi vous me demandez ça ?

– Parce que vos deux copains à côté, ils sont montés dessus et ils font une course de motos.

Alors le troisième fou se dresse d'un bond.

– Quoi ? Ils sont déjà partis.

Il pose le lapin sur le tabouret, l'enfourche et hurle :

– Brââââ....

*

Continuant la visite de son établissement, le docteur Caligula fait entrer le ministre et sa suite dans une grande salle où se trouve une grosse sphère en plastique translucide. Elle repose sur une embase hérissée de voyants et deux grosses électrodes en céramique verte y sont fichées.

– Qu'est-ce que c'est que cet engin ? demande le ministre ébahi.

– C'est une machine à augmenter le quotient intellectuel, répond fièrement le psy en se rengorgeant tel un dindon nommé aux Sept d'Or.

– Et ça marche ?

– Évidemment.

– Vous pourriez l'essayer sur mon secrétaire, lui faire gonfler le QI ?

– Mais certainement !

Le secrétaire en question avale sa salive. Ses yeux soudain exorbités sur son visage blafard sont comme deux œufs de caille dans de la purée mousseline.

– Gontrand, ordonne le ministre, entrez dans la machine.

Courageusement, le pauvre Gontrand obéit. Le docteur Caligula, tout excité, referme la porte de son engin. Puis il se place devant un pupitre de commande sur lequel il effectue une série de manœuvres. Les voyants clignotent. Une espèce de ronflement vibratoire enfle peu à peu. La sphère se met à trembler.

– Ah ! zut ! brame subitement le docteur, je me suis gouré de sens. Au lieu d'augmenter le QI je l'ai fait diminuer.

– Arrêtez la machine ! crie le ministre.

Le médecin affolé, actionne toute une série de boutons. Les vibrations de la sphère ralentissent puis cessent totalement.

– Je suis désolé, sanglote le docteur tandis qu'on ouvre à la hâte la porte de la sphère, son QI est passé de 140 à 28.

À cet instant, Gontrand apparaît, l'œil vitreux. Puis ayant jeté un regard suspicieux à la sphère, il apostrophe le docteur :

– Dites donc, vous avez les papiers du véhicule ?

*

Ce matin-là, Adrienne Caligula, la femme du docteur, arrive à l'hôpital pour rendre visite à son époux. En traversant le parc, elle aperçoit dans le potager un jardinier en plein ouvrage. Elle s'arrête bouche bée devant la beauté du jardin. Pas une mauvaise herbe, des légumes aux couleurs vives, des poireaux parfaitement alignés, fièrement dressés comme des zibounettes de satyres que la proximité des oignons rend impudiques. L'homme qui porte un tablier bleu impeccable et sans un pli porte un grand chapeau de paille. Il est en train de retourner la terre d'un lopin avec une bêche. Adrienne s'approche de lui.

– Bonjour, monsieur. Vous êtes le jardinier ?

– Non, madame, je suis un malade.

– Un malade ? C'est incroyable. Et c'est vous qui avez arrangé le potager de cette manière ?

– Oui, madame, c'est moi qui, depuis dix-sept ans, sème, taille, récolte ces merveilleux légumes.

– Vous êtes là depuis dix-sept ans ?

– Oui, mais au début j'étais vraiment fou. Un fou furieux. Dieu merci, grâce au patient travail du docteur Caligula, je suis redevenu parfaitement sain d'esprit.

Adrienne sent son cœur emporté par un torrent d'allégresse. Des larmes de joie inondent ses yeux.

– C'est extraordinaire, monsieur, je vous félicite. Écoutez, je suis la femme du docteur. Si je peux faire quelque chose pour vous, dites-le-moi.

– Oh ! oui, madame, vous pouvez, répond le jardinier avec empressement. Comme vous pouvez le constater je suis totalement guéri. J'ai fait une demande de remise en liberté mais je n'ai eu aucune réponse. Touchez-en deux mots à votre mari, je suis certain qu'il me laissera sortir.

– Certainement, monsieur, je lui en parlerai.

– Vous n'oublierez pas ?

– Non, non, je n'oublierai pas !

Adrienne tourne les talons et s'éloigne. Mais à peine a-t-elle fait quelques pas qu'elle reçoit un énorme coup de bêche à plat sur la tête. Elle se retourne. Le jardinier est là, la bêche à la main.

– Surtout, dit-il, n'oubliez pas !

*

Dans la salle d'attente du cabinet du docteur Caligula, deux malades se confient l'un à l'autre.

– Cette nuit, j'ai fait un rêve étrange et pénétrant. Plus étrange que pénétrant d'ailleurs. J'avais une envie folle de moutarde. C'est bête, hein, d'avoir une telle envie de moutarde. Alors que fais-je dans mon rêve ? Je me lève, je vais à la cuisine, j'ouvre le frigo... vide. C'est pas de pot. Mais mon envie de moutarde est toujours là. Alors je m'habille, je vais chez l'épicier mais l'épicerie est fermée. C'est normal, dans mon rêve, il est quatre heures du matin. Alors je remonte chez moi avec cette envie de moutarde qui me tenaille. Je prends mes clés de voiture, je redescends et je pars à Dijon chercher de la moutarde. C'est fou ce rêve.

– C'est rien à côté du mien, répond l'autre malade, figure-toi que cette nuit, je rêve que je me réveille car on vient de frapper à ma porte. Je me lève et j'ouvre... Ahhh ! C'est Pamela Anderson. Elle me dit : « Je suis folle de toi, je reviens du tournage de *Alerte a mal au bout*, déshabille-moi, arrache mon string avec tes dents, je te veux, prends-moi tout de suite, là. » Mon rêve devient donc plus pénétrant qu'étrange. Alors nous faisons l'amour comme des bêtes quatre fois de suite, sur la moquette. Mais elle est insatiable. « Encore, encore... » brame-t-elle comme une louve...

– Alors, alors, qu'as-tu fait ?

– Ben, j'étais fatigué, alors je me suis excusé et je l'ai laissée partir.

– Quoi ? Tu as laissé Pamela Anderson ? Tu ne pouvais pas m'appeler ?

– Je l'ai fait ! Je t'ai appelé dans mon rêve. Malheureusement je suis tombé sur ta mère qui m'a répondu que tu étais parti à Dijon chercher de la moutarde.

*

Josette aime bien les pilules du docteur Caligula car elles la plongent toujours dans un profond sommeil peuplé de rêves enchanteurs. Hélas ! cette fois-ci, le rêve est en train de tourner au cauchemar. Car Josette est poursuivie par l'abominable homme des neiges. Il mesure trois mètres de haut. Il est tout nu et de sa foisonnante toison pubienne dépasse une zibounette toute rose. On dirait qu'il porte un slip angora de chez Justin Bridoux.

Josette court et se réfugie dans une cave. Mais le monstre assoiffé de sexe la rattrape. Il allume la lumière. Horreur, ce n'est pas une cave. C'est une salle de torture avec des menottes et des chaînes, des roues munies de clous, des haches, des pinces, des tenailles, un lecteur CD et des disques de Florent Pagny. La brute s'approche de Josette en bavant comme un crapaud en rut.

– Qu'allez-vous me faire ? gémit-elle.

– Ça, j'en sais rien, répond le monstre, c'est pas moi qui rêve.

*

Jean-Kiki est venu consulter le docteur Caligula.

– Je suis très angoissé, avoue-t-il, j'ai l'impression que j'ai une vis dans le nombril, ça me fait mal, pouvez-vous m'anesthésier ?

– Une vis dans le nombril, c'est normal, c'est l'angoisse, répond le médecin.

– Non, non, je vous assure docteur, c'est plus que de l'angoisse. Quand je touche mon nombril, j'ai vraiment l'impression qu'il y a une vis.

– Eh bien, dans ce cas, je ne vois qu'une solution : achetez-vous un tournevis et essayez doucement de faire le mouvement de dévisser. Vous verrez ça ira mieux.

Le lendemain, Jean-Kiki rappelle le psychiatre.

– J'ai acheté le tournevis, je l'ai mis dans mon nombril et j'ai commencé à dévisser doucement.

– Et vous n'êtes plus angoissé, conclut le médecin.

– Si, dit Jean-Kiki en pleurnichant, parce qu'à force de dévisser y a mes fesses qui sont tombées.

*

Roger est content car il vient de sortir de l'hôpital Anton-Hoir après six mois de traitement. Il fait ses courses car il compte inviter quelques copains à dîner pour fêter ça. Il entre chez le marchand de fruits et légumes.

– Bonjour, madame, lance-t-il gaiement, je voudrais un kilo de pommes pour faire un canard à l'orange.

– Vous vous trompez, monsieur, répond la marchande, pour faire un canard à l'orange, il vous faut des oranges !

– Je sais, répond Roger, mais comme il n'y avait plus de canard, j'ai pris du boudin.

Un Belge et un Français discutent :

– Je viens d'acheter une Mercedes, dit le Belge, mais je n'en suis pas très content.

– Moi aussi, j'ai une Mercedes, dit le Français, c'est pourtant une bonne voiture.

– Oui, mais l'autre jour je prends une auto-stoppeuse, une petite Suédoise mignonne avec des rondeurs. Alleï, je peux te dire que j'avais une grosse frite dans mon boc, contrepète-t-il.

– Et alors ?

– Et alors à un moment donné, comme il faisait un temps magnifique, j'ai eu envie d'ouvrir la capote. Eh bien, j'ai mis deux heures et demie pour y arriver.

– C'est pas normal, répond le Français, sur ma voiture, la capote s'ouvre en trente secondes.

– Oui, mais toi, tu as une décapotable !

*

Un Belge arrive à Paris. C'est l'été, il fait une chaleur à lyophiliser un dromadaire. Le Belge aperçoit alors un magasin de souvenirs dans la vitrine duquel sont exposés des éventails avec la mention « authentiques éventails japonais ». Il y entre. Le marchand l'accueille avec un grognement.

– Ils sont à combien vos éventails ? demande le Belge.

– Y en a deux modèles. Un modèle à quatre francs et un modèle à cent francs.

– Ça fait une sacrée différence, fait le Belge, je vais prendre le modèle à quatre francs.

Il paye et sort avec son éventail. Il le déplie aussitôt et commence à l'agiter pour se rafraîchir le visage. Catastrophe, l'éventail se démonte et tombe en mille morceaux. Furieux, le Belge retourne dans le magasin.

– Ce n'est pas un authentique éventail japonais. C'est de la camelote, gronde-t-il en jetant les morceaux d'éventail sur le comptoir.

– C'est bizarre, répond le marchand, personne ne s'est jamais plaint. Comment avez-vous fait pour le casser ?

– Je l'ai déplié et puis je l'ai agité devant mon visage comme on fait avec tous les éventails.

– Mais il fallait pas l'agiter !

– Et pourquoi, dites ?

– Parce que c'est un modèle à quatre francs.

– Et alors ?

– Avec les modèles à quatre francs, c'est la tête qu'on bouge.

*

Un Français s'est arrêté au bord d'une rivière pour y pique-niquer. Après son repas, il décide de faire une sieste. Il commence à s'endormir quand il entend des cris. C'est un

Belge qui est tombé de sa barque et qui est visiblement en train de se noyer.

– Au secours ! au secours !

Le Français ouvre un œil et le referme.

– À l'aide, s'égosille le noyé, sortez-moi de là, une fois.

Le Français se redresse sur son séant et contemple l'infortuné d'un œil torve.

– Au secours ! au secours ! continue de crier ce dernier, je ne sais pas nager.

– Et alors, lui lance le Français, moi non plus je ne sais pas nager mais j'emmerde personne.

*

Un professeur bruxellois fait visiter le zoo d'Anvers aux enfants de sa classe.

– Les animaux s'adaptent toujours à leur environnement, dit-il, ainsi en les voyant vous pouvez dire d'où ils proviennent. Voyez cet ours, là contre. À votre avis de quel pays vient-il ?

Les enfants regardent le plantigrade. L'un d'eux lève le doigt.

– Albert, je t'écoute.

– Il a une grosse fourrure, il doit venir du Groenland.

– Bien raisonné, le félicite le prof, et ces dauphins, qui peut me dire leur pays d'origine ?

– Moi, monsieur, dit une petite rouquine, ils viennent de l'océan parce qu'ils ont des grandes nageoires.

– Bravo ! Et ces crocodiles avec leurs grandes gueules, d'où viennent-ils ?

– De France, répondent les enfants en chœur.

*

Un couple de touristes belges entre dans un restaurant parisien. Ils s'assoient et commandent.

– Nous aimerions manger un plateau de fruits de mer, sans huîtres, dit l'homme, la dernière fois j'ai eu beaucoup de mal à les digérer.

– Il faut dire, ajoute la femme, que personne ne nous avait dit qu'il fallait les retirer de la coquille.

Le garçon note scrupuleusement la commande. Tandis qu'on prépare les crustacés en cuisine, il apporte le pain, le vin et deux coupelles pleines d'eau chaude dans laquelle flottent deux tranches de citron. Les deux Belges interloqués se regardent.

– Qu'est-ce que c'est que ça ? demande l'homme.

– Ne demande pas, lui souffle sa femme, tu vas encore nous ridiculiser.

– Alleï, j'ai tout de même le droit de me renseigner. Garçon !

Le garçon revient.

– Est-ce que vous savez me dire, une fois, ce que sont ces deux coupelles avec le citron dedans ?

– Ce sont des rince-doigts, monsieur, répond-il.

– Ah ! tu vois, commente la femme belge, à question idiote, réponse idiote !

*

Un représentant belge s'arrête à Béthune dans un restaurant gastronomique français pour arroser une vente importante. On le reçoit avec une condescendance à la limite du dégoût qui pourrait laisser croire que le client est un cochon à qui on va donner de la confiture.

– Je voudrais le menu gastronomique [1], s'il vous plaît, demande le Belge.

1. On repère le menu gastronomique au prix du même nom sans « g ».

Une demi-heure plus tard, le garçon lui apporte une assiette avec une crevette sur laquelle on a laissé tomber une giclée de sauce.

– Voici la langouste aux senteurs marines.

« Elle a dû passer des vacances chez les Jivaros, la langouste », pense le Belge.

Il n'en fait qu'une bouchée. Quelques minutes plus tard, le garçon lui apporte une seconde assiette avec deux cuisses de caille garnies de deux petits pois et d'un haricot vert.

– Cuissots de caille aux saveurs potagères, annonce-t-il triomphalement.

– Elles sont où les saveurs potagères ?

– Vous ne voyez pas le haricot vert et les deux petits pois, monsieur ?

– Ah ! c'est ça les saveurs potagères, j'ai cru que c'était le sexe de la caille.

À nouveau le Belge ne fait qu'une bouchée de son assiette.

Le garçon apporte alors un dessert minuscule et un café dans un dé à coudre.

Le Belge avale tout en un clin d'œil puis il appelle le garçon.

– Puis-je avoir l'addition et un timbre-poste, je vous prie.

– L'addition, certainement, mais pourquoi un timbre-poste ? demande le garçon intrigué.

– Eh bien, répond le Belge avec un air malicieux, lorsque j'ai fait un repas copieux, j'aime bien faire un peu de lecture.

*

Un couple de Français se promènent à vélo sur une route belge. Ils s'approchent d'une station-service.

– On va bien rigoler, dit l'homme à sa femme, tu vas voir comme ils sont bêtes, ces Belges.

Les cyclistes s'avancent sur la piste et s'arrêtent devant une pompe. Le pompiste belge s'avance.

– Bonjour messieurs dames !

– Je voudrais le plein de super, fait le Français goguenard.

– Tout de suite, répond le pompiste sans ciller.

Et tandis que les deux Français gloussent comme des dindes farcies au haschich, le Belge retire la selle sans se démonter et verse un demi-litre de carburant dans le tube chromé.

– Ça fera cent nonante, dit le pompiste en raccrochant son pistolet à la pompe.

Le Français paye en retenant le rire qui le secoue déjà puis il remonte en selle. À cet instant, le pompiste lui envoie une formidable gifle qui efface son sourire idiot.

– Non, mais ça va pas, brame le cycliste violenté, qu'est-ce qui vous prend ?

– Excusez-moi, fait le Belge, votre portière était mal fermée.

*

Une campeuse belge fait ses courses à la foire de Chavignal-Glaiseux. Elle passe près d'un étalage où Matthieu vend des fraises magnifiques.

– Qu'elles sont belles vos fraises ! s'extasie-t-elle.

– Oui, répond Matthieu tout fier, faut dire que dessus je mets le meilleur fumier.

– Vous mettez du fumier dessus, s'étonne la campeuse, nous en Belgique, on met du sucre.

*

Un Chinois, un Africain et un Parisien sont assis à la terrasse d'un café. Ils discutent amicalement lorsqu'une étudiante en stage de journalisme arrive. Elle voit aussitôt, dans la réunion des trois hommes, l'occasion de rédiger un article qui lui permettra d'accéder au rang d'éditorialiste sans être obligée, pour employer une métaphore, de prendre langue avec un membre de la rédaction. Elle s'approche du groupe avec discrétion et interrompt la conversation.

– Excusez-moi, dit-elle, pouvez-vous me donner votre opinion sur l'alimentation mondiale ?

Le Chinois fronce les sourcils.

– Qu'est-ce que ça veut dire « opinion » ? demande-t-il.

L'Africain prend une mine dubitative.

– Qu'est-ce que ça veut dire « alimentation » ?

Et le Parisien s'étonne :

– Qu'est-ce que ça veut dire « excusez-moi » ?

*

Dans un train de campagne qui mène de Saint-Fémoi-les-Burnettes à Mézidon-sur-Lamotte, le vieil Octave est assis avec un panier à provisions. Deux énarques venus de Bruxelles pour enquêter sur les problèmes agricoles s'assoient en face de lui. Pour épater son collège, l'un des énarques se penche vers Octave.

– Dites-moi, mon brave, mon ami me dit que les paysans français sont très malins. Moi je n'en crois pas un mot. Pour me prouver qu'il a raison acceptez-vous de jouer aux devinettes avec moi ?

– Si vous voulez, répond Octave que l'histoire amuse.

– Si je n'arrive pas à deviner, je vous donne cent francs, mais si c'est vous qui n'arrivez pas à deviner, comme je sais que vous autres paysans vous êtes également très avares, j'accepte que vous ne me donniez qu'un franc. C'est d'accord.

– Topez là, fait Octave en tendant sa main.

L'énarque donne une tape avec sa petite main pâlotte dans la grosse patte caleuse d'Octave.

– À vous de commencer, dit-il.

Le paysan réfléchit et finit par dire :

– Qu'est-ce qui est bleu, qui a trois pattes, qui fait « cuicui » et qui sent l'eau de Cologne ?

– Ah ! je ne sais pas, répond l'énarque étonné, je vous dois cent francs.

Il sort un billet que le paysan empoche avec délectation.

– Alors, demande l'énarque, qu'est-ce qui est bleu, qui a trois pattes, qui fait « cuicui » et qui sent l'eau de Cologne ?

– Ah ! ça, je sais pas non plus, fait l'Octave, je vous dois un franc.

*

Un Français et un Belge discutent.

– Tu sais comment on fait pour couler un sous-marin belge ? demande le Français.

– Non !

– On envoie un homme-grenouille qui frappe à la porte.

Le Français se tord de rire mais le Belge,vexé, réplique :

– Est-ce que tu sais pourquoi on enterre les Français sur le ventre ?

– Je sais pas !

– Parce que si on les enterrait sur le dos, on n'aurait jamais assez de terre pour remplir leur grande gueule.

Marius Escartefigue vient d'épouser Fanette en l'église de Testardon-les-Coucougnettes. Après la cérémonie et la soirée dansante arrosée en liquide comme un député-maire, le couple de jeunes mariés décide que c'est l'heure de la nuit de noces. Marius emmène sa femme dans leur chambre à l'*Hôtel du Galapiat*. Arrivé devant la porte, il fouille dans sa poche et en sort une clé qu'il essaie d'introduire dans le trou de la serrure.

– Oh ! fan de pied ! j'y arrive pas, bafouille-t-il.

– Eh bé, ça commence bien, répond Fanette.

*

À l'*Hôtel du Galapiat*, les jeunes mariés se réveillent après une nuit de noces sismique qui aurait pu servir de test à la matelasserie française.

– Je t'esquicherais bien le chichi encore un peu, ronronne Marius à l'oreille de Fanette.

– Attends, je vais prendre une douche d'abord, répond-elle.

Elle se dégage de l'étreinte de son chien jaune de mari et va dans la salle de bains.

– Vé les couillons, ronchonne-t-elle, ils ont pas mis de serviettes. Chéri tu veux pas aller en chercher à la réception ?

– Oui ma douce, dit Marius en bondissant dans son slip puis dans son pantalon.

À peine est-il sorti de la chambre que la jeune épousée s'aperçoit que le savon joue également l'Arlésienne. Elle sort toute nue dans le couloir et se penche au-dessus de la rampe de l'escalier.

– Marius, crie-t-elle, remonte aussi un savon.

À cet instant un courant d'air chafouin claque la porte de la chambre laissée ouverte. Voilà la jeune mariée dans le plus simple appareil [1], exposée aux regards du premier venu. Justement, le voilà, le premier venu. Ses pas résonnent dans l'escalier. C'est un vieux bonhomme, un client de l'hôtel qui monte dans sa chambre. Fanette panique. Comment se cacher ? Il n'y a pas un meuble, pas une plante verte. Même pas de tapis dans lequel s'enrouler. Et le vieux qui monte, qui monte. C'est alors que Fanette aperçoit une paire de chaussures qu'un client de l'étage a laissée devant sa porte pour qu'on les cire. La jeune femme s'en saisit et les place devant son intimité, semelles vers l'extérieur. Il était temps, le vieux vient d'arriver sur le palier. En voyant la jeune femme, il ouvre des yeux énormes et reste bouche ouverte.

– Eh bé, quoi, se fâche-t-elle, vous n'avez jamais vu de femme nue ?

Le vieux montre alors les chaussures.

– Jamais avec un monsieur tout entier à l'intérieur.

*

1. Digne de figurer au concours Lépine.

Marius vient d'ouvrir un grand magasin de fournitures générales à Testardon-les-Coucougnettes. Comme il réalise un important chiffre d'affaires en articles de pêche, son principal fournisseur, un Canadien, l'a invité à passer une semaine chez lui avec femme et enfants dans son imposant châlet du Saskatchewan. Tout à l'intérieur est très grand, très moderne et très confortable. Le maître de maison leur fait visiter la partie du châlet qui est dévolue à ses invités.

– Voilà votre chambre et celle des enfants qui lui est contiguë, leur dit-il, vous avez la télé, le frigo, des lampes de chevet à intensité réglable, la commande d'ouverture des volets depuis le lit et je vous ai mis un gros pot de vaseline [2] dans l'armoire.

Marius et Fanette se regardent, n'osant comprendre.

– Un pot de vaseline, fait le Français, pourquoi de la vaseline ?

– Pour le tagada, répond le Canadien sans se démonter.

– Oui, mais nous n'avons pas besoin de vaseline et...

– Oh ! que si !

– Je ne vois pas pourquoi, enchaîne Marius.

– Je vous explique. Lorsque vous voulez faire un câlin tagada, vous vous mettez tout nus. Votre femme va sur le lit en position. Là vous plongez votre main dans le pot de vaseline et Pof !

– Comment ça « Pof ! » ?

– Oui, Pof ! sur la poignée de la porte. Comme ça les enfants peuvent plus l'ouvrir.

*

2. Dans une cabane au Canada c'est forcément de la vaseline Renaud.

Fanette est en train de faire la vaisselle lorsque sa fille rentre de l'école.

– Maman, dit-elle en prenant son air le plus sérieux, je veux prendre la pilule.

– La pilule, dit Fanette amusée. Quelle pilule ?

– La pilule contraceptionnelle.

– Oh ! boudie, mais ma petite Ninon, tu n'as que six ans.

– Oui, mais je veux la pilule avant Noël.

– Avant Noël ? Pourquoi avant Noël ?

– Parce que j'ai déjà six poupées, ça suffit comme ça ?

*

César, l'un des enfants de Marius et de Fanette, vient voir un jour le curé de Testardon-les-Coucougnettes en confession.

– Monsieur le curé, j'ai failli commettre un vol, dit-il.

– Un vol, César, c'est épouvantable à douze ans. Mon Dieu. Que s'est-il passé ?

– Eh bé, hier, je passais sur le chemin qui longe le verger du père Espinasse quand tout d'un coup, je vois un nid de grives.

– Des grives, oh ! macàri !

– Eh voui ! rôties au four, c'est délicieux. Donc, je monte dans l'arbre, mais je vois que les petits sont encore bien petits. Alors, je me dis, je vais attendre quinze jours, ils seront plus gros. Mais en redescendant de l'arbre, je réfléchis et je me rends compte que j'ai failli voler des grives qui sont au père Espinasse. C'est pour ça que je suis venu me confesser.

– C'est bien, dit le curé. Le Seigneur te le rendra.

César fait une prière et jure au bon Dieu de ne plus toucher les grives du père Espinasse. Mais quinze jours plus tard, il passe à nouveau près du même verger. La tentation l'emporte. César monte dans l'arbre et découvre le nid de grives vide. Tout triste, il s'en retourne chez lui.

Quelques jours passent, le jeune garçon retourne au confessionnal.

– Monsieur le curé, j'ai péché avé une fille.

– À ton âge ! braille le curé, oh ! bonne mère ! Raconte !

– Eh bé, elle dormait dans la paille, quand je l'ai vue, je n'ai pas résisté. Je lui ai sauté dessus. Elle s'est un peu débattue mais quand elle a senti ma bouche sur la sienne et mes mains sur ses seins, elle a poussé un long espoir de plaisir et elle a glissé sa main dans ma culotte.

– Quelle honte ! s'écrie le curé, mais quel âge a-t-elle ?

– Elle a dix-huit ans, monsieur le curé.

– Dix-huit ans ! Et où habite-t-elle ?

– Ah non ! coupe alors César, vous m'avez déjà couillonné avé les grives, vous me la ferez pas deux fois.

*

Marius et Fanette ont maintenant cinq enfants : César, Gibe, Olive, Ninon et Zèbe. Ils vivent dans une grande maison avec la mère de Fanette qui se cramponne à eux comme un pou à la tignasse d'un élève de cours complémentaire.

Un jour, la famille Fougasse, qui sont des cousins, décide d'inviter la famille Escartefigue à manger les pieds paquets à la provençale au cours d'un grand déjeuner.

– Comment allons-nous faire pour y aller tous ? demande Fanette à son mari. La ferme des Fougasse est à trois kilomètres.

– Eh bé, on prendra la voiture.

– Mais mon pauvre Marius, tu es devenu fada. On est huit et on n'a qu'une « Teouinego ».

– Effectivement, c'est un problème, dit Marius, je vais y calculer pendant la sieste.

Il s'allonge sous le tilleul du jardin et, à son réveil, il appelle toute la famille.

– J'ai trouvé la solution. Toi Fanette, tu prendras les trois pitchots dans la « Teouinego ». Les deux plus grands, ta mère et moi, nous irons à pied. On partira vingt-cinq minutes avant vous comme ça on arrivera en même temps.

– Té c'est pas bête, dit Fanette.

– C'est pas bête, c'est pas bête, dit la belle-mère, c'est vite dit. Je te rappelle parpagna que j'ai soixante-dix-sept ans et que je marche avé la canne. Et quand j'aurai fait trois kilomètres à l'aller et trois kilomètres au retour, même si on va plan-plan, non seulement je vais avoir les pieds gonflés mais ma canne, elle sera tout estanquée.

– Oh ! dit la belle-mère ! arrête de faire la chichinette. Ta canne tu as qu'à lui mettre un embout pour pas qu'elle s'use.

– Et moi !

– Oh, toi, tu risques rien belle-maman, tu es inusable.

Et le jour dit, toute la famille Escartefigue se prépare. On met les belles robes, les beaux costumes, on lave la « Teouinego » à grande eau et la belle-mère met un dé à coudre en métal au bout de sa canne pour ne pas qu'elle s'use. Puis à l'heure dite Marius, les deux grands et la belle-mère partent à pied en direction de la ferme des Fougasse. Trois kilomètres à pied, c'est pas bien long, mais le bruit de la canne équipée du dé à coudre devient vite insupportable. Tac, tac, tac. Même les cigales n'arrivent pas à chanter plus fort. Ksss, ksss, ksss, tac, tac, tac. Marius commence à avoir les nerfs en boule. Tac, tac, tac.

– Oh ! gàrri, la belle-mère, tu peux pas marcher sur le bas-côté.

– Eh non ! je peux pas. Y a des ronces, je vais me grafigner les mollets.

Tac, tac, tac, et tout d'un coup, crouic, sur un silex. Alors là, Marius explose.

– Oh ! boudiou, la belle-mère. Si tu avais mis un bout de caoutchouc au bout de ton bâton, à la place de ce bout de ferraille, il ferait pas tout ce bruit.

– Et toi, bestiasse, réplique la belle-mère du tac au tac, si tu avais mis un bout de caoutchouc au bout de ton bâton à toi, on serait tous montés dans la « Teouinego ».

*

Marius Escartefigue et sa femme sont invités à Paris par des fournisseurs pour un dîner très mondain.

– Tu sais comme les Parisiens sont rapides à se moquer de nous, dit Fanette à son mari, alors ne fais pas le vantard comme tu sais faire.

– Bonne mère, je fais le vantard, moi ?

– Eh voui ! tu exagères tout. Si jamais ça t'arrive, je me passerai la main dans les cheveux, tu sauras qu'il faut te corriger.

Le couple Escartefigue arrive donc au dîner, habillés comme pour aller à la messe. La soirée se passe sans incident mais, le vin aidant, voilà Marius qui s'échauffe.

– J'ai fait construire à Testardon un magasin avé un hangar énorme. Oh ! macàri. Il fait plus de cent cinquante mètres de long...

Marius voit alors Fanette, épouvantée, qui passe sa main dans ses cheveux.

– Cent cinquante mètres de long, reprend alors Marius, sur un mètre de large !

*

Un matin, à huit heures, un ramoneur arrive avec son apprenti chez les Escartefigue. Il frappe à la porte. Personne ne répond.

– Allons boire un café, dit le ramoneur, nous reviendrons dans une demi-heure.

Vers huit heures et demie ils frappent de nouveau à la porte. Pas de réponse.

– Retournons boire un café.

Et ainsi de suite toutes les demi-heures jusqu'à ce que Fanette Escartefigue ouvre enfin la porte, en robe de chambre et la tête toute pleine de bigoudis.

– Excusez-moi, dit-elle, je devais me lever à sept heures et demie pour être prête à vous accueillir mais mon mari a tellement ronflé cette nuit que, ce matin, quand il est parti au travail, je me suis rendormie.

– Je vais vous donner un truc pour qu'il arrête de ronfler, dit le ramoneur.

– Garraï, j'ai tout essayé, rien ne marche.

– Voui, mais ce truc-là, il marche, je vous le garantis, insiste le ramoneur. Quand votre mari ronfle, vous lui chatouillez la plante des deux pieds avec la plume d'oie que voici. Je vous la donne, essayez, c'est infaillible.

Les ramoneurs se mettent au travail et quittent la Fanette qui les remercie.

Un mois plus tard, les ramoneurs passent de nouveau devant chez les Escartefigue. Fanette les aperçoit de sa fenêtre et les appelle.

– Messieurs, venez, il faut que je vous dise quelque chose d'important.

Le ramoneur et son apprenti entrent dans la maison.

– Votre tuyau était au poil [3], dit Fanette, mon mari ne ronfle plus.

– Peuchère, je vous l'avais dit.

– C'est un miracle.

– Eh non ! madame, c'est de la technique, corrige le ramoneur.

3. Dans le cas d'un ramoneur, le tuyau était au poêle.

– Comment ça ?

– Eh bé, quand votre mari ronfle, il est sur le dos.

– Voui !

– Quand vous lui chatouillez les pieds avé la plume, par réflexe il écarte les jambes. Du coup les roubignoles tombent, elles bouchent le troufignon et ça coupe le tirage.

*

Fanette est malheureuse car Marius n'a pas beaucoup d'attention pour elle. Chaque soir, il rentre du boulot, il dit à peine bonsoir, il prend une douche, se parfume et va rejoindre sa maîtresse au bar de l'*Hôtel du Galapiat*.

Un soir, tandis que Marius prend sa douche, Fanette lave la salade dans l'évier avec ses pauvres mains. Mais au moment où elle veut le vider, l'eau ne s'écoule pas. Elle se tourne vers son mari pour lui demander son aide.

– Ça doit être une chenille qui était dans la salade et qui l'a bouché, dit-elle.

– Eh ben, t'as qu'à attendre qu'elle se transforme en papillon, répond Marius.

– Tu veux pas essayer de déboucher le siphon ?

– Dis, ho, je suis pas plombier, répond Marius.

Et il sort retrouver sa maîtresse. Quelques jours passent et un soir, alors que Marius est en train de se parfumer, Fanette ouvre le frigo pour préparer le dîner qu'elle va prendre seule. Car sa vie est un calvaire solitaire. Elle s'aperçoit que la lumière du frigo ne s'allume pas.

– Chéri, fait-elle, il fait noir dans le frigo quand on l'ouvre.

– Eh ben, t'as qu'à prendre une bougie.

– Mais tu pourrais peut-être changer l'ampoule.

– Dis, ho, je suis pas électricien.

Et Marius sort retrouver une fois de plus sa maîtresse. Fanette remarque alors que la porte d'entrée, en s'ouvrant, coince dans l'huisserie. Avant que son mari ne la referme, elle crie :

– Tu as vu, Marius, la porte ne ferme pas, avec l'humidité le bois gonfle.

– Y a pas que lui qui gonfle, répond l'odieux macho.

– Tu pourrais peut-être la raboter.

– Dis, ho, je suis pas menuisier.

– Mais enfin, Marius, si la porte ne ferme plus, les voleurs peuvent entrer et nous dévaliser.

– Eh ben, t'as qu'à demander au voisin. C'est un bricoleur, il va t'arranger ça, et zou !

Quelques heures passent et Marius rentre chez lui. La porte est réparée. Fanette, pour une fois, dort paisiblement. L'infâme Marius la réveille.

– Le voisin est venu ?

– Oui, répond Fanette, et il a réparé la porte. Il a aussi débouché l'évier et changé l'ampoule du frigo.

– Eh ben, dis donc, il a dû te faire payer un bon prix pour tout ça.

– Pas un centime.

– Pas un centime ? Ça m'étonne, c'est un vrai raspi.

– Il m'a juste dit : « Tu me fais l'amour ou alors tu me fais un gâteau. »

– Et naturellement, tu lui as fait un gâteau.

– Hé, ho, répond Fanette, je suis pas pâtissière.

*

Marius est allé visiter son cousin Tutuccelli qui est fermier à Porto-Vamollo en Corse. En arrivant il le trouve assis à l'ombre d'un olivier.

– Alors, les récoltes vont être fructueuses, cette année ? lui demande Marius.

– Eh voui ! la saison a été bonne, répond le cousin.

– Beaucoup de travail ?

– Pas trop. En juin j'avais des cultures à arroser, il y a eu une inondation. En juillet j'avais un arbre à abattre, la foudre est tombée dessus. Et en août j'avais un terrain à débroussailler, il y a eu le feu.

– C'est une chance. Et en ce moment, qu'est-ce que tu fais ?

– J'attends un tremblement de terre !

– Pourquoi ?

– J'ai des patates à déterrer.

*

Pour se réconcilier avec Fanette, Marius Escartefigue se rend à Marseille dans le but d'acheter un bijou. Mais lorsqu'il arrive, c'est l'heure du déjeuner et la bijouterie est fermée. Il s'achète donc un sandwich et une bière bien fraîche puis s'installe sur un banc face à la bijouterie. Tandis qu'il déguste son jambon beurre en attendant l'ouverture de la boutique, Marius voit arriver une camionnette. Elle s'arrête devant le magasin. Les portes arrière s'ouvrent avec violence et un éléphant en sort portant un grand sac. Cette apparition, aussi incongrue que celle d'un membre du Parti Communiste sénégalais au milieu d'une réunion du Front national, laisse Marius sans voix. D'autant plus que l'éléphant vient de donner un grand coup de pied dans la vitrine de la bijouterie et qu'il est en train de remplir son grand sac avec ce qu'elle contient. Et le voilà qui remonte dans la camionnette. Les portes se referment, elle démarre sur les chapeaux de roues et s'éloigne à toute vitesse.

Au même instant une voiture de police arrive en trombe. Elle s'arrête devant la vitrine brisée. Quatre inspecteurs en descendent et se mettent à tourner dans tous les sens avec nervosité. On dirait quatre mouches autour d'une crotte de teckel. L'un d'eux se dirige vers Marius qui est resté bouche bée.

– Vous avez vu le cambriolage ? demande le flic.

Marius hoche la tête.

– Qu'avez-vous vu exactement ?

– Une camionnette s'est arrêtée, un éléphant est descendu, il a donné un coup de pied dans la vitrine, il a piqué toutes les montres, tous les bijoux, il est remonté dans la camionnette et il est parti.

– C'était un éléphant d'Afrique ou d'Asie ? demande l'inspecteur.

– C'est quoi la différence ?

– L'éléphant d'Afrique a de grandes oreilles alors que l'éléphant d'Asie en a de petites.

– Ah !

– Alors ? s'impatiente le flic, c'était un éléphant d'Afrique ou d'Asie ?

– Je peux pas dire, répond Marius, il avait un bas sur la figure.

*

Marius et son copain Ignace discutent à la terrasse d'un café.

– J'ai un problème pour toi, fait Ignace, tu as une corde d'un mètre, attachée à la roubignole gauche, avec au bout un poids de cinq kilos et une corde de soixante centimètres, attachée à la roubignole droite, avec au bout un poids de six kilos. Quelle corde lâche en premier ?

– Je sais pas, dit Marius.

– Les cordes vocales !

*

Marius et Fanette ont bien vieilli. Leurs enfants sont tous mariés. Alors ils s'octroient de temps en temps des petits plaisirs. C'est ainsi qu'un dimanche à midi, après une excursion en voiture du côté de Montélimar, ils s'arrêtent dans un restaurant de campagne.

– Commande-moi un faux-filet salade, dit Marius à Fanette.

Il se tourne vers la grosse fille rougeaude qui effectue le service avec une odeur de transpiration à asphyxier un bouc enrhumé.

– Où sont les toilettes, mademoiselle ? lui demande-t-il.

– Au fond du jardin, répond la nauséabonde.

En fait de toilettes, le vieux Marius découvre une cabane en planches, peinte en bleu. À l'intérieur il n'y a qu'une estrade avec un trou au-dessus d'une fosse peuplée de vingt-cinq mille mouches en pleine orgie.

Pendant ce temps, dans le restaurant, Fanette attend. Au bout d'un quart d'heure, n'y tenant plus, elle va chercher son époux au fond du jardin. Elle le trouve à genoux devant le trou en train de fouiller dedans avec un bâton.

– Eh bé, Marius, s'exclame-t-elle horrifiée, qu'est-ce que tu fais ?

– Gàrri ! J'ai fait tomber mon dentier dans la fosse, j'essaie de le récupérer sinon je ne peux pas déjeuner.

– Dis, manjiapan, tu vas pas remettre un dentier qui est tombé dans ce cagadou !

– Mais si. Avé de l'eau bouillante et un peu de Javel pour désinfecter, il sera comme neuf.

Épouvantée, Fanette retourne au restaurant. Mais un quart d'heure plus tard Marius n'étant toujours pas revenu, elle retourne à la cabane où celui-ci est encore en train de fouiller.

– Alors, demande-t-elle, tu le trouves ce dentier ?

– J'en ai trouvé deux, répond le vieux, mais ils sont pas à moi.

– Comment tu le sais ?

– Ils ne me vont pas !

*

La vieille Fanette est bien malade.

– Va donc te coucher, lui dit Marius affectueusement. Je vais appeler le médecin.

Une demi-heure plus tard le docteur Galinette arrive.

– Il était temps que vous arriviez, dit Marius en transes, ma femme vient de s'évanouir.

Le docteur monte quatre à quatre les marches de l'escalier qui mène à la chambre. Fanette est allongée sans connaissance, le visage aussi pâle qu'un bidet norvégien. Son pouls est tellement faible que le médecin le cherche en vain au poignet alors que son mari le lui a cherché dans la tête pendant des années.

– Elle est dans un état comateux, déclare gravement le médecin.

– Dans quoi ? demande Marius qui devient un peu sourd.

– Dans un état comateux, répète le médecin.

– Ah !

– Laissons passer la nuit, je prendrai une décision demain matin.

Le docteur Galinette s'en retourne. Le lendemain, la vieille Fanette se réveille.

Son mari accourt à son chevet.

– Oh ! pôvre, s'exclame-t-il, comment tu te sens ?

– Un peu empéguée, répond la vieille Fanette, qu'est-ce qui m'est arrivé ?

– Tu t'es évanouie alors j'ai fait venir le docteur.

– Et qu'est-ce qu'il a dit ?

– Il a dit que tu étais dans un état comme ma queue.

– Oh ! bonne mère, dit alors Fanette, je suis pas prête de me relever.

*

La convalescence de Fanette se passe à merveille. D'autant que Marius prend bien soin d'elle. Tous les soirs, ils vont faire une balade sur le petit chemin qui longe d'un côté une petite rivière et de l'autre la voie ferrée.

– Tu te rappelles, dit Marius ému, on se promenait ici autrefois quand on était jeunes.

– Oui ! Je me rappelle même le jour où nous avons fait l'amour sur les rails, glousse Fanette.

– Tu faisais si bien la locomotive... Hou... Hou...

Fanette rit à s'en décrocher le dentier.

– Hi ! hi ! hi !... Dis donc Marius, si on recommençait !

Surpris par la soudaineté et la bizarrerie d'une telle proposition, le vieux balbutie.

– Maintenant ? C'est-à-dire... Oh ! macàri, c'est que je ne suis pas en condition.

– Attends, dit Fanette malicieuse, je vais te faire la locomotive... Hou... Hou...

– Oh ! boudie, arrête, tu m'excites ! J'ai le gourdin qui se tient une bouffigue !

N'y tenant plus, Marius entraîne Fanette sur la voie ferrée, comme autrefois.

Et les voilà qui commencent à s'envoyer en l'air.

– Ah ! Marius !

– Ah ! Fanette !

Et tout d'un coup on entend : Hou... hou...

– Oh ! voui, brame le vieux Marius, ce que tu fais bien la locomotive.

– Vé, c'est pas moi ! dit Fanette.

Effectivement pendant que les deux vieux amants s'affairent sur les rails, voilà l'omnibus qui arrive. Apercevant le vieux couple en plein coït ferroviaire, le conducteur de la motrice freine à mort. Le train s'immobilise à un mètre des vieux amants toujours en action. Le contrôleur, le conducteur, les passagers, tout le monde descend. Les gendarmes arrivent à leur tour. On aide Fanette et Marius à se relever et à s'habiller.

– Vous êtes fadas, dit le brigadier, vous n'avez pas entendu le train ?

– Si !

– Alors, pourquoi vous ne vous êtes pas arrêtés, créba ?

– Vous en avez de bonnes, proteste Marius, moi je venais, Fanette venait, le train aussi venait. Vaï, c'est celui qui a des freins qui s'arrête.

*

Marius et Fanette sont montés à Paris. C'est une belle nuit d'été. Les touristes flânent le long des avenues aux lumières laiteuses. Brusquement Fanette pointe son doigt vers le ciel en poussant un cri d'étonnement.

– Vé, Marius, les étoiles bougent !

Effectivement sous les yeux des badauds, les constellations commencent à se déplacer doucement, puis de plus en plus vite. Des étoiles filantes traversent le ciel en pluie d'argent, des aurores boréales ondulent. À la vue de ce spectacle hors du commun toute la capitale est soudain en émoi. À l'Élysée on réveille le Président qui appelle Helmut Kohl qui appelle un troisième type pour organiser une rencontre.

Et brusquement voilà que les étoiles se rassemblent et forment une phrase :

« Qui êtes-vous ? »

Boris Eltsine qui regardait ça de sa datcha en lâche sa bouteille de vodka. Le lendemain, on réunit une conférence internationale. À l'hôtel, Marius et Fanette sont collés à leur télé. Ils voient Bill Clinton faire un discours.

– Mesdames et messieurs, dit-il, il est certain maintenant que nous ne sommes pas seuls dans l'univers et que d'autres créatures cherchent à communiquer avec nous. Il nous faut leur répondre.

On décide donc, pour envoyer un message aux extra-terrestres, de dépêcher des milliers de Casques bleus dans le Sahara, équipés de lampes de poche. Alors de Nouakchott à la mer Rouge, les soldats s'alignent pour former une gigantesque phrase :

« Nous sommes les Terriens. »

La nuit arrive enfin. Dans les tribunes, les présidents, ministres et souverains du monde entier sont réunis. Toutes les chaînes de télévision de la planète ont braqué leurs caméras sur le ciel où, à bord d'un ULM français qui survole la phrase écrite par les soldats alignés, Bernard Pivot vérifie qu'il n'y a pas de faute d'orthographe. Alors sur un signe du président du Conseil de sécurité, les Casques bleus éclairent leurs casques bleus avec leurs lampes.

– Si y en a un qui a mis un casque jaune, commente Fanette devant sa télé, il va avoir l'air couillon.

Dans la nuit saharienne s'étale maintenant la réponse aux extra-terrestres :

« Nous sommes les Terriens. »

Un silence attentif tombe sur le monde. Mais voilà les étoiles qui se rassemblent à nouveau et qui forment une nouvelle phrase :

« C'est pas à vous qu'on parle ! »

TABLE

Aubin Imprimeur
LIGUGÉ, POITIERS

Reproduit et achevé d'imprimer en septembre 1999
N° d'édition 99133 / N° d'impression L 58848
Dépôt légal octobre 1999
Imprimé en France

ISBN 2-7382-1257-3

33-6257-1